数字中国

李 季 ◎ 著

中国商业出版社

图书在版编目（CIP）数据

数字中国：赋能数字时代中国新质生产力 / 李季著. -- 北京：中国商业出版社，2024.5
ISBN 978-7-5208-2888-8

Ⅰ.①数… Ⅱ.①李… Ⅲ.①信息经济—研究—中国 Ⅳ.①F492

中国国家版本馆CIP数据核字(2024)第076916号

责任编辑：郑　静
策划编辑：刘万庆

中国商业出版社出版发行
（www.zgsycb.com　100053　北京广安门内报国寺1号）
总编室：010-63180647　　编辑室：010-83118925
发行部：010-83120835/8286
新华书店经销
香河县宏润印刷有限公司印刷
*
710毫米×1000毫米　16开　14印张　160千字
2024年5月第1版　2024年5月第1次印刷
定价：68.00元
****
（如有印装质量问题可更换）

推荐序

大众数字时代如何面对审美质量的挑战

在新的碎片化的数字时代，世界正面临着价值观的分裂。尤瓦尔·赫拉利在很多次访谈中都谈及人类整体共识的丧失带来了整体的社会危机。所有能够将社会连接在一起的共识价值都在缓慢地消失。在人人都是创作者的时代，每一个人都在努力地表达自己，社会的共识系统被破坏，将社会连接在一起的共识价值在缓慢消失。

那么，中国数字社会的未来在哪里？针对于此，作者给出了解决问题的核心方法：国人在数字社会里凝聚共识，并通过将其作为新世界运作的顶层架构来重构命运共同体。

为此，作者选择了数字文化视角作为数字中国的纲领性论述，和其他有关数字中国的著作论述的重点不同，本书的侧重点在于数字社会中的人本身，不再是强调更多的技术工程，而是强调人和技术社会之间的匹配关系，并且建议通过审美和审美力的培养来推动中国乃至人类探寻到一个更加优雅的未来。

我们在构建数字社会的进程中，要重新审视互联网的"后现代性"。一开始互联网就是一种去中心化的网络，其底层的特质是现代性构建的解构，在中心之外再创造，是互联网的哲学。而数字社会的底座就是建立在互联网之上的，因此，从互联网诞生到现在的数字社会，传统的信仰在逐步衰落，这导致了社会共识的丧失。

我们听到了历史和未来之间断裂的声音。人类社会发展到今天，又到了一个不同寻常的阶段。当人工智能和数字社会发展得更加强大的时候，人们也将更有能力提出更好的问题。

数字社会制造了"认知竖井"，信息技术和社交媒体的普及让人们接收到大量不同的信息源，而这些信息通常存在着观点上的差异，以致让人们难以达成一致的合理判断。

而当人们在"认知竖井"里待久了，渐渐地，就自我构建了"信息茧房"，人们更倾向于依靠自己的情感和直觉作出决策，进而导致个人立场的极端化，加剧共识的丧失。

鉴于此，在本书中，一种不仅基于传统教育系统，而且基于全民的"价值美学"教育和实践被提了出来，这或许会成为未来凝聚人类共识的最为深远的文化活动。这是一个很新颖，又在逻辑上说得通的想法。

在与作者的沟通中，我们聊到了一个思想实验，2060年，在中国的学校里，将给孩子们教什么课程？作者毫不犹豫地回应说，是完整的连续的美学教育和审美能力的培养，这是在强人工智能时代，人类的自觉选择。

当人类的物质需求逐渐得到满足后，对艺术和文化的欣赏就成了人们生活中不可或缺的一部分。用艺术和审美驾驭技术是一种可预见的未来。300年来，人类发明了现代技术，现代技术连接在一起形成了组织，组织又在技术不断地加持下开始钳制人的心灵自由，并成为一个独立系统。人类被技术驯养的未来是不可接受的。人类独特的创造力和审美体验能力，是人存在的尊严所在，因此一切必须由人说了算。

我们在工业时代已经看到了无数的案例，这已经说明了问题，国际著名的时装品牌是设计师的审美引领的；城市的规划和建筑是建筑师和工程师的审美引领的；艺术家和乡村小镇的结合，使得小镇的审美能力从整体上获得提升；等等。审美统领一切创造物的时代正在到来，满足个性化定制和参与型经济的时代正在到来。

在数字社会，当强大的人工智能系统变成人类的一个个助理的时候，人工智能会询问每一个人要什么，基于审美的选择和调取资源的能力就成了人类关键的能力。这，是能够看得见的近未来。

美学教育和审美能力的提高是帮助人们更好地理解、欣赏艺术作品的重要手段。这不仅可以增强我们对美的认知和体验，也可以培养我们更加深入地思考、剖析和理解艺术的方式与方法，从而使我们成为更好的创作者和艺术爱好者。此外，审美能力的提高还可以帮助我们认识自己的情感和精神需求，并让我们更好地理解自身与周围环境的关系。

这是一个人人表达自己观念的新时代，也是数字时代的主导性特征，我们拥抱这样的现实，将之看成一件好事。如果我们真的担心公共表达系统出现表达质量下降的问题，那我们就普遍发展人的审美能力，并将之渗透到所有的教育系统当中，就如PC时代，培养每一个学生熟悉使用计算机一样。

数字智能社会的到来，使得现有的教育制度已无法应对当今人类面临的复杂问题，因此，将全民审美力作为"最基础的可迁移的能力"，作为认知领先的基座，用审美力来统领创新力，是一个非常有意思且值得思考的方法。

作者带有一点技术浪漫主义的构想：爱美的人在哪里都能够带来美，他们即使来到数字世界，也一样可以创造美的世界。

本书谈及在数字中国的大战略之下，先找到一个精细的具象的切口来进行战略导入，即通过审美教育和审美价值导引，建立起数字社会中的新的生活方式。

鉴赏和欣赏，是数字社会中人面对万物的态度。还是以人为本。

数字社会，带来技术的进步，从而让人们为生存被动忙碌的时间减少，人们便有了更多的时间发展和丰富自己，生活方式也会越来越具有审美原创性和价值原创性。

值得提醒的是，未来构建的数字文化的核心是，奋斗者和价值呈现者需要接受普遍的失败文化。在旧文化里，人们失败一次两次或三次，就会永久将自己归为失败者，平静面对失败其实是现代人普遍缺失的一种能力，这是生活审美的空白点。而现在的生活本身自带探索性，因此失败是一种常态，一直失败下去也没有什么了不起。旧文化里，我们把失败看成耻辱，是因为我们的认知太单一了，完全没有接触过"创造美学"这一类的学科。其实失败和成功一样有意义，而不是只有成功才有意义。作者将这句话作为人在数字社会中的生活之道和事业之道，在数字中国的战略中，显得非常有震撼力。

将失败当成常态，这是数字文化的内核，也是一种更高维度上的审美统率认知能力。

百折不挠的审美文化，就如精卫填海、愚公移山、夸父追日、女娲补天。这些朴素的神话，其实早已映射进了中国人的灵魂。作者提到的中国人的审美再复兴，就是在我们的心灵角落里，找到先祖们敢想敢作、敢为天下先以及永不言败的灵魂，并将之作为人类命运共同体的顶层共识。

开卷有益，推荐本书。

郑新立

2023 年 5 月 9 日

自 序

数字文化是构建数字中国的龙头

在商业世界里，最近几年冒出了一个新的概念词，叫"美学护城河"。也就是说，在全球商业领域的顶端，一流的企业都是审美组织，技术之美、艺术之美和工业之美，能够形成一种独特的商业审美文化。当这种商业美学变成了企业的核心价值观，抽象的文化体验、所有的技术系统和企业人表现出来的优雅认知和行为，就完成了文化的统一。

相对于"美学护城河"这种不好理解的企业文化体系，我们处于技术不断精进的社会中，"技术护城河"是一种普遍的认知。在技术主导的社会中，社会经济逐步显现出如下的发展趋势：一个经济体拥有的自然资源逐步让位于某些产业优势，而某些产业优势正在让位于可持续的创新能力。资源型经济体也逐步成为知识型经济体的附属经济，数字社会的到来，加速了这样的一个进程。

从历史的视角来看，技术优势不是绝对的壁垒，人类的科学中心每几十年就转移一次，创新能力的起落也影响了全球地缘的过去和未来，创新能力已经约等于一个数字经济体的竞争能力，而拥有技术优势的经济体，也有能力为他国制定游戏规则。

既然"基于技术优势为他国制定规则"的能力只是暂时的，那么基于什么样的更底层的规则才能保持可持续的影响力呢？我们发现文化制高点和审美制高点才是更好的答案。

而这个答案，源于笔者对文明的关注。文明遗留下来的东西是文化倾向性和习惯法，这些文化积累，最终表现出人对于万物的认知态度，也就是一种审美倾向和审美能力，热爱数学的民族，理解数学之美。在别人以为枯燥无味的领域，发现规律之美，这是一种基础能力。

文化不断，就能够在失落之后再找回来，文化的根子断了，就失去了开放性和多元接纳性，审美能力也就消失在了历史长河里了。在技术工程推动进步的社会中，拥有一双发现美的眼睛，才是比技术更为底层的能力。当笔者发现这样结论的时候，也被自己吓了一跳。

这就回到了本书创作的初心，围绕数字中国规划，以及经济、政治、文化、社会和生态文明五个政策战略点展开，在此之上建立一个平行渗透型结构，将审美和文化引擎置入中国数字社会的整个生态体系，来创造更加美好的社会。让万物更美，成为一种新的发展理念。此为顶层设计。

以此书对于"美好生活"进行全局性诠释。

如果说数字中国基于"五个支柱"框架建立了一个结构体，那么具有统率价值的，对于所有邻近领域进行结构嵌入的主支柱，就是文化，因此，本书将数字文化作为主叙事，认为数字文化是构建数字中国的龙头。而关键环节在于，如何将数字文化变成主导性的财富创造机器，而不是空谈文化，这也是本书出版的价值所在。

数字社会的大趋势，从人类的未来史来看，现在只是一个小小的开端。数字社会是技术创新累积到一定阶段的涌现之物。人类累积的所有知识和社会运行的数据汇聚在一起，构成了知识社会的运行底座，数字中国规划，就是这个阶段的系统架构和顶层设计。

我们回顾历史，5000多年的中华文明，留下的是中华文化。中华文化是抽象的，散落在中国这片土地上，同时又随着华夏子孙远走，零落到全球各地。目击现实，数字中国需要做的一件事就是重建中国人的"美学护城河"，在可预期的未来，中国将成为地球上主导性的创新国家之一，而在数字化社会演变的过程中，进行数字文化的重构，则是前无古人的历史性大迁徙。

这是一个很艰难的文化进程，中国从农业社会快速进入工业社会，又从工业社会快速进入数字社会，数字社会同时又叠加智能时代，十年一个时代，这个以急速的方式汹涌前行的多元化融合的社会发展形态，可能是人类历史上一个独一无二的文明转型进程。在这个进程中，每一个个体表现出来的慌乱，事实上都能够得到很翔实的解释。

可能作为一种文明，其主体的心灵体验还处于农业时代，有追求稳定和将一切固定下来的底层愿望，因此在数字社会到来的时候，我们的心灵受到了猛烈的冲击。

经过了整体的大航海时代，西方经受了"水手文明"的传承和洗礼，构建了一种向不确定未来航行的底层文化，这种文化带来的包容性和扩张性的审美倾向，蕴含在生活方式中。在商业经济中，我们处处能够感受到"水手哲学"引领的企业家精神，而在本质上，他们的价值观的锚体现在了对于不稳定未来的审美进程之中了。

技术社会如此杂乱，我们需要什么样的锚来统率与技术相伴随的数字社会？如何用一只配称的锚来限制数字社会快速自我迭代的摇晃感觉？在数字社会到来之后，中国人和西方人终于站在了一起，面对着同一个问题。

在数字世界里，国人不必带着所有的传统出发，而是和全世界所有的"数字移民"一起，在数字世界里创造一种具备普适性审美的全球通用语言，和各自的自然语言不同，审美可以渗透进未来生活方式的方方面面，是综合性的表达体系。在智能和意识的竞赛中，人工智能走向更智能，人走向更优雅的自我意识。

创造一种影响人类的总体未来的新的普适性的数字文化，需要我们拥有新的更加深远的思考力，这是一次全生态的心灵整体的迁徙过程。未来数字社会的财富，比例肯定大大超越实体世界的财富，因为数字社会中的财富是按照"万物摩尔定律"的节奏展开的，在这个数字世界里，创意、创新和审美生活将无处不在，人类整体进入了一种"数字游牧时代"，人类在数字空间里的财富形式，是在数字牧场里不断迁徙的"数字牛羊"。人类在经历几代人的动荡之后，终将与动荡和解，适应数字世界里的游牧生活方式。

到这里，我们就有了一个问题，面对整体挑战，谁能够率先走出人类历史上第一个完整的数字文明，并完成这样一个范式迁移的文明？我的答案，就是中国。

李 季

前 言

更美，是构建数字中国未来的清晰图景

企业家张瑞敏曾经说过一句话："借来的火，点不亮自己的心灵。"

中国人能不能建立起属于自己的完整的数字文明，再次成为手擎火把的引领者，经过很长时间的独立思考之后，在经过跨文化和跨文明的比较之后，我觉得，我们可以。

在过去的十多年的时间里，我一直在构思一本"数字文明和数字文化"的书，通过阅读、整合、思考，我找到了一个共同的价值点，即每一种文明的兴盛，本质上都是文化的兴盛。文化这个被当代社会鄙视的领域，其实是一种文明长期繁盛的基础。在资本时代，文化被认为是务虚的总代表从而被放在了社会发展的对立面。事实上，任何文明的衰落，最终都表现为共识精神的丧失和文化的没落。

笔者发展了一种比较研究的方式，就是将全世界很多的文明摆在一起，用5个关键词标识出文明崛起的初心，然后在该文明消亡的时候再列举出5个关键词，比较之后就会发现，所谓文明的"民族优秀品质"绝不是年轻人不喜欢的"大词语"，而是文明存在的根基，失去根基的文明，最终都会在历史里死得很难看，历史不是现报，不是它自己的失落，历史的报复从来不会在当下就发生,历史的因果会落到子孙的头上。鄙视根基的人,历史会让他们的子孙居无定所。

按照国际学者的研究,中国人的每一次失落,都能够回来再一次站上人类史的巅峰,这样的进程至少经历了四次,这是一个世界文明史上的特有现象,是一个"久经历史考验的文明"。基于此,罗素、汤因比这样的世界级的文明观察者,在当时中国的整体经济比例已经跌落到全球5%以下、人民已经普遍赤贫、衣衫褴褛之时,还坚信中华文明一定会再次回来。

笔者一直坚信,在中华文明的文化最底层,一定有一种潜在的文化能量,于是在本书中,我就试着兵分两路,一路走向深远的历史,另一路从当下走向未来,沿着这个时代的最大趋势去描述一个未来。将数字中国规划放入一个大历史之中,视角一变,就发现了自己要表达的必要性。

我们在描述未来的时候,其实可以回顾历史,文艺复兴是欧洲人的寻根之旅,在历史中,他们找到了作为"地中海水手文明"的冒险勇气,让他们敢于向边界之外进发,开启了大航海时代。

一个民族深层历史记忆里的东西,蕴含着一种集体的"文化盖亚",或者叫"文化女娲",集体文化心理肯定是一个值得研究的领域。正如鲁思·本尼迪克特描写日本民族行为的《菊花与刀》,以文化人类学研究方法,研究一种文明在历史里的行为,可以预测这种文明在深远未来的走向。

历史学的研究者认为这些潜在的文化能量蕴含在中国人的上古神话里,这就是中国的内在精神特质,可能中国人自己都不知道,但这些东西，还是被挖掘了出来。其中就有哈佛大学教授大卫·查普曼，他在中国人的神话中，找到了中国人的内在文化精神，"道""和谐""互相依存""虚心""谦逊"，还找到一个关键词"抗争"，这就是中华民族的特征。

大卫·查普曼在演讲中说："每个国家都有太阳神的传说，在部落时代，太阳神有着绝对的权威，纵览所有太阳神的神话你会发现，只有中国人的神话里有敢于挑战太阳神的故事：有一个人因为太阳太热，就去追太阳，想要把太阳摘下来。当然，最后他累死了……我听到很多人在笑，这太遗憾了，因为你们笑这个人不自量力，正是证明了你们没有挑战困难的意识。但是在中国的神话里，人们把他当作英雄来传颂，因为他敢于和看起来难以战胜的力量作斗争。"

抗争才是中华文明最底层的行动精神，循道而行并非没有困难，而是面对一切困难都要有斗争的勇气。就在我们的"小时代"里抗拒"大词语"的时候，我找到了和谐之美、依存之美、谦虚之美和循道抗争之美，作为本书数字中国的审美框架，以此为基础叙述一种"让万物更美"的发展哲学，而这一切，最终归于一个词——美好生活。

笔者提出一个问题，中国人有没有一种勇气，在寻根的过程中找到一种"数字世界文艺复兴"的勇气？复兴一种文化内核精神，数字世界是天然一体化的世界，因此，这一次的文化复兴，天然是全球性的。

写完了前言的宏观部分，我们回到微观部分。

2022年，中国的全部工业增加值突破40万亿元大关，制造业规模连续13年居世界首位[①]，工业经济和数字经济正在相互赋能，加速中国向前的步伐，数字技术、智能技术和工业技术正在进行着大规模的合流。经济、政治、文化、社会和生态文明在重新置换数字底盘。更好的表达是，整个社会已经为重新置换数字底盘做好了文化和思想准备。

美国技术思想家马克·安德森在《为什么软件正在吞噬世界？》这篇文章里说明了未来社会的最大趋势——软件正在渗透到各行各业，改变着世界的运转方式和商业模式。政治、经济和文化都在被数字智能化逐步吞噬，我觉得人类的经济运作方式会向着两个方向继续演化：让万物技术更先进，关于此，已经有无数的技术思想家做了构思；"让万物更美"则是在面对人类的自我认知和心灵成长的追求，以及对社交和情感交流的需求。融合技术世界和审美世界，这是这本书需要表达的体系。

在我的眼睛里，更美，其实就是一种产业升级的无限游戏，也是构建数字中国未来的清晰图景。从心灵出发，路过数字社会，找到心灵归宿，这就是本书的一种递归结构。

数字社会的到来是对于人类所有文明的一次考试。4000年之前，上古先民的心灵挑战的是太阳、河流、大山大海和神灵，而今天的中国人的心灵挑战的是数学、物理、化学和人工智能，这是几千年来抗争对象的一种系统性的转变。我们能够欣赏数字时代的美，这就意味着科学已经进入了中国人的文脉，并以此为起点，走向一个更美的新未来。

[①]《去年我国全部工业增加值超40万亿元制造业规模连续13年居世界首位》，《人民日报》，2023年3月19日。

目 录

第一章　数字智能时代，中国审美再复兴

1. 数字中国再现中国之美 / 2

2. 创新产业的核心在审美 / 7

3. 跨文化认同的关键在审美力 / 14

4. 科技发展与审美创新之间的平衡 / 18

5. 探寻多元数字审美表达方式 / 22

6. 新型城镇化审美需求和文化挑战 / 28

第二章　数字引擎和文化引擎共轭结构

1. 审美创新引领数字中国 / 36

2. 数字引擎叠加文化引擎 / 40

3. 双向互动实现数字中国的可持续发展目标 / 44

4. 文化引擎提供稳定的精神支柱 / 48

5. 碰撞交融释放创新力量 / 53

6. 技术世界隐藏在优雅的界面之内 / 57

第三章　数字中国重构中国数字经济

1. 审美需求引领下一轮数字经济变革 / 64

2. 创新、高效和实用的数字经济未来 / 68

3. 历史、人文和情感需求引领文化经济未来 / 72

4. 算力和智能引领下一轮经济变革 / 77

5. 产品和文化品牌升维到审美品牌 / 81

6. 新"世界模型"在智能时代引领中国经济 / 85

第四章　数字中国和社会治理透明化

1. 数字人民币背后的星辰大海 / 90

2. 基于人工智能算法的程序公正机制 / 94

3. 应对数字社会治理中的安全挑战 / 97

4. 数字社会治理中的隐私和安全问题 / 101

5. 黑箱在透明化社会面前会逐步消解 / 105

6. 对未来数字社会治理的展望 / 108

第五章　审美领导力推动社会变革

1. 数字组织中的审美领导力 / 114

2. 从创意经济到创意社会 / 118

3. 数字化教育和审美教育的未来 / 121

4. 满足多元审美的方法和策略 / 125

5. 卓越价值观内含在审美领导力之中 / 129

6. 创造更优雅的社会软结构 / 132

第六章　生态文明引领智能化社会

1. 碳中和社会，重建生存伦理和价值审美 / 138

2. 用绿色技术消化生态深层"债务" / 142

3. 智慧政府和生态圈经济的大融合 / 146

4. 生态文明需要完成最大跨度的技术整合 / 149

5. 智能社会推进循环经济产业链 / 153

6. 中国的未来生态发展之路 / 157

第七章　数字中国和城乡空间审美

1. 数字中国和诗意栖居 / 162

2. 保护、传承和创新 / 165

3. 数字时代的世界办公室 / 168

4. 空间创意的目标、方法和行动 / 171

5. 最好的空间是与人交心的空间 / 174

6. 交流与融合促进内生价值生成 / 178

第八章　中国数字生活新时代

1. 智能化时代的心理压力和文化冲击 / 184

2. 情感资产的构建和有序竞争 / 187

3. 数字原住民和安人之道 / 190

4. 审美价值生活网络的构建 / 193

5. 人是生活者而非消费者 / 196

6. 至善、至美、至远的中国数字文明 / 199

后记 / 203

第一章
数字智能时代，中国审美再复兴

1. 数字中国再现中国之美

数字化时代，劳动的价值和意义正在发生转变，人们正在从典型的生产者转变为典型的创作者，尽管这样的转变现在只是露出了一个端倪，生产活动正在逐步转变为一种面向心灵需求的创作活动，产品不再是标准的工业制造，而是灌输了审美观和实用性之间的融合交流进程，生产的重心将不再是生产，而是创作，即创作成了主流程，生产变为辅助流程。

数字时代的创业者越早认识到这一点，就越能够更早地跳出性价比价格战的范畴。竞争和发展的场域已经发生了转移，数字中国的精彩会以另外一种美好而意外的方式呈现在所有人的面前。

技术发展的目的是解放人，让人自由地创造自己想要创造的东西。当成熟的技术积累到一定程度后，接下来的世界，本质上都会回到审美上。

在数字社会，创新生态的企业对于技术元素格外重视，他们认为，只有具备基于技术的自我迭代能力才能够在数字时代持续存活下去，全球数字巨头基本上都是技术融合商业模式的结果。

在特定的历史条件下，快速模仿可以造就一批很赚钱的企业，但他们不可能与伟大的公司结缘。而且数字社会正在逐步消灭这样的企业，这是由数字文化从技术到审美的双重价值创造过程所决定的。

技术价值观层面的分野，导致了从 0 到 1 这样的元创新进程只能在硅谷和深圳这样全球极少的地区产生着，绝大多数地区在运用数字技术建立全球创新热点图，一旦这样的 1 产生了，大批企业就会用"快鱼吃慢鱼"的方式快速跟进，实现从 1 到 10、从 10 到 100 的商业系统的演进。

数字时代带来的第一个挑战是信息的对称性，硅谷或者任何一个大学的基础研究的灯点亮了，全世界大企业的信息系统中便都会有一盏灯被同步点亮。这就是商业系统中技术发展的真相，看似热闹非凡，但根本的动力引擎却只在基础研究的实验室里。这种"1"产生后快速被复制的"敢为天下后"的思维方式该淘汰了，现在的技术行动新哲学是"敢与世界同步"。

这就回到了数字社会的基本特征上——同步思维。同步思维是时空普及的文化，它的传播不受时间和空间的限制，可以在任何时间和任何地点进行。这也印证了乔布斯生前所说的一句话："世界是我们的实验室。"

数字社会文化的核心特征是交互性，每一个人都在判断一个数字知识对于自己的价值，思考是不是需要进行连接。社会价值和商业价值会形成不同的数字交互流，构成一个纷繁复杂的网络结构热图，热图中的热点不断转移，就构成了我们今天的新社会，以及未来的数字社会。

如果放眼未来二三十年，数字社会还有一个基本特征，就是人工智能无处不在，任何一个企业组织、社会组织和政治组织，其背后都有各自不同的人工智能体赋能组织中的每一个人。因此，数字智能化的影响是极其深远的，数字智能社会，能够赋能每一个人作出更好的决策。

在市场经济中，市场权力已经转移到用户手里，用户系统在商业系统中占据了核心地位，全球消费市场中的大企业都在走"群众路线"，按照数字时代的要求重新组织自己的资源。因此，可以说，企业数字文化是一种以数字技术为基础，依托互联网和数字化平台的具有时空普及性、内容丰富性、互动性强和创新性强等特点的文化形态。"一切为了用户"不再是一句口号，而是数字组织带来的组织设计规律。

如果我们继续深究，就会发现，企业数字化的未来发展，不过是体现了"为用户服务"这一观点。在传统的科层制的组织形态中，很难将"用户第一"的文化贯彻下去，价值观必然在执行过程中变调，到达终端和界面的时候，其实已经是另外一种产物了。而在数字社会中，自然会诞生一种"透明之美"，而且这种美是因数字技术的普及而必然产生的，这种"透明之美"会让"为用户服务""用户第一"的观念从一而终、原原本本地贯彻、执行下来。

市场经济运作的基础是由消费社会驱动的。这是我在本书中抓住的主场景。因此，可以说，消费思潮和消费场景的改变就是社会经济的根本性转变。

下面以"一个消费者的消费过程的思想实验"为例予以说明。

关于未来，我们可以做一个思想实验，设想在2035年，一个消费者和自己的人工智能助理对话，消费者想买一个东西，就对自己的智能助理说："帮我选择一件产品。"

几秒钟之后，数字助理给出了一个中国品牌，价格比第二个国外同类产品高出60%。

"为什么要选择这个品牌？还给我这样一个基于全网的比价图表和审美价值分析图表。哦，还有一个用户评价统计表。"

"基于你的1200次的消费过程统计，买这件产品，可以让你在全周期内都不会产生嫌弃反悔的情绪和行为。你知道自己是个挑剔的人，综合你的知识结构，只有这个品牌的这款产品是最适合你的，相信我，我已经帮你清理了所有的数据干扰项，这件产品和你的审美价值观完全符合，是一款有想象力的产品，在结构上是技术和艺术设计的结合，具备综合创新性，符合你的生活理念。"

"我觉得价格还是贵了一点。"

"按照你的购买行为统计，在这一类商品的购买行为中你的购买行为权重分布是这样的。第一，你注重设计感，注重一件产品的格调和耐用性最好能实现全周期使用；第二，按照家居的整体中国色彩风格，这件产品的风格与你家庭以往的陈设一致，符合你的审美习惯；第三，考虑到家里有8岁的小男孩，他会捣乱，这件产品的造型没有锐角，孩子在室内活动时不会跌倒受伤；第四，也是你自己的事业价值观，你立志于创立自己的一家企业，这家企业通过用更好的服务和审美来反向整合最新技术系统，从而获得定价权，你认为定价权已经超越一般品牌，成为企业之间竞争的隐性核心。另外，你不喜欢粗俗的人，多一句话都不愿意说，这是你的个性。"

"服了你了，你好像比我更懂我自己。"

"事实上，我是你的分身，我就是你的生活界面和工作界面，作为数字人，我会维护你的形象，理解你说出来的以及没有说出来的需求，我的存在,就是为你服务的。"

"行,你做主吧,来刷我脸。"

我们需要理解未来社会的运行基础,消费审美升级是社会经济发展同步的软架构和协同过程。我们今天的手机,会成为一个智能助理,它会让每一个人都成为终身的自我探索者,但与此同时,作为自我探索者的社会学意义却总是被我们忽略。

事实上,发达数字社会中的每一种消费行为都会变成数字助理人对于人本身的心理和行为分析,人们会在数字技术的加持之下变得更加理解自己的深层心理,提升自己的审美,从而间接帮助整个国家提升审美,这是未来的意外之喜。

任何发展都是基于人的发展,数字中国的未来总目标聚焦于"数字公民",因此大众自我探索的过程,事实上就是审美重塑的过程,审丑只是数字时代的一个短暂现象,最终,基于优质的文化审美时代会到来,这是数字中国未来必然会经历的社会变革。

技术革命和科技革命带来了工具革命,数字工具的出现也一定会带来一场认知革命,紧随其后的便是生活革命。因此,数字中国是一次综合革命,一切都被数字底盘连接起来,成为一个完整的体系。

"国潮"一词其实是一种不准确的表述,是一种"文化认同倾向"的前兆,只是数字社会到来的小序曲,这不是中国现象,而是全人类所面对的数字社会的新事实,每一种文明都是在挖掘自己的文化根子,实现认知再造,然后加入复兴的行列。在互联网碎裂了人们的整体认知之后,人们在文化上渴望获得共同体的心灵庇护。因此，我们能够看到国潮的兴起，也能够看到潜伏在我们周围的事物正在变得美起来，并通过"变得美起来"实现中国的文化复兴。

对于整个文明的文化认同，也为该文明系统中所有的商业品牌产生了赋能价值，成为"审美护城河"，在过去的100年里，西方商业品牌就受到了这种文化庇护。

笔者在本书中提倡的观念，总结成为一句话："世界是我们的技术实验室，世界也是我们的审美实验室。"

审美领先也是认知领先的一种，经济体和经济体之间，一场审美竞赛已经开始，而在数字社会中，非物质性财富领域的创造将远远大于物质领域，因此，"非物质资产"其实是一种无限资源，体现的是一个文明整体的智慧沉淀，而非物质本身。

数字中国再现中国之美，中国文化的复兴和全球化是数字社会与历史潮流共同作用的结果，"从人类文明的结晶中，寻找解决世界问题的钥匙"，一场涉及所有生活场景和社会场景的审美复兴正在徐徐到来。

2. 创新产业的核心在审美

很多搞产业创新的人现在都说"被整不会了"。之所以数字经济带来的产业竞争让这些人感到无所适从。原因就在于，好与不好，很难通过单一的领先元素作出准确判断。如一个做子系统的企业无法和用户进行全局性的对话，而创新的价值锚点又已经是基于和用户的直接互动了。关于此，既是数字社会给予创新者的机会，又是创新者需要面对的挑战。

中小企业在数字社会的生存方式需要变革。企业从用户端导入的知识价值首先体现为审美，其次是功能需求，而不是技术，企业依然是成熟技术和新技术的应用场景。

随着科技的发展和市场的变化，越来越多的消费者开始重视个性化与创意化的消费。传统的消费模式强调的是面对大众的同质化，而新的消费模式则更注重个性体验，鼓励消费者通过自己的创意设计出符合自己需求的商品。

在这样的环境下，消费者不再单纯地被动接受市场的产品，而是主动参与产品的设计、生产、销售等方面，实现了身份的重塑。通过自己的消费选择，消费者能够表达自己的品位、价值观以及对时尚潮流的追求等，同时也能够获得自我认同和自我满足感。

这就是产业经济遇到的新现实，价值重心的概念正在发生迁移。旧的消费模式，我买什么则我是什么。而新的消费模式，我创意什么则我是什么。这对于消费者身份的重新塑造，以及对于消费市场都产生了巨大影响。

下面以"商业数字人和消费数字人的互动体系"为例予以说明。

对于消费市场来说，从单一的产品销售转向个性化的服务，需要更多的精力和资金。在之前，企业服务和互动成本高企，企业无力负担，但是在数字社会，完全可能出现这样一种情况：企业级的人工智能机器人（商业级数字人）和消费者的助理机器人（数字人）进行互动交流，在尊重信息规则的情况下，商业级数字人通过数字人拿到了消费者的参与产品设计的方案，并将其给了企业，企业使用了该方案生产产品，一旦该产品推向市场后产生了价值，参与开发的消费者就能够获得利益分配。在整个过程中，产业创新者都没有将消费者当成外人，而数字社会中，区块链系统能够精确地将零碎的价值按照约定的规则分配出去，却并不会显著增加成本。

数字人时代，每个人都会有自己的数字助理，从消费者的视角来看，就是将消费者作为创造者纳入了生产进程中，事实上，就是用消费者的审美来影响生产系统，审美力这样的抽象能力，和科学技术不同，科学的本质是"可重复、可验证"，而审美的表达则是由心灵体验的质量决定的，没有标准，但可以形成共识，企业内的商业数字人在审美领域不一定比拥有审美力的个体数字人更出色，因此，企业需要尊重每一个消费者的审美能力。审美其实就是一种价值输出的方式，和"软件吞噬世界"的思维一样，"审美吞噬世界"其实也是另外一种平行表达。

这背后其实是更深层次的发展哲学，随着人工智能越来越强大，当其在流程思维和知识集成能力上超越人类的时候，人类就要回到一种"问心的经济形态"，即从心智出发，用心智控制软件，用软件控制硬件，人类可以将自己的心智需求通过所思所想告诉数字助理，数字助理也会主动帮助人完成心智表达背后的相应需求。

笔者相信这是一种发展哲学，用最轻的心智来控制最重的物质世界，用看似空无的体验来影响万物的呈现形态,这个时代不再是"物质控制物质",而是看不见的文化审美在底层控制着未来社会经济的运行。

当我们思考深远未来的时候,回到近未来,就能够发现产业经济的变化规律。在数字社会,企业是一个用户社区,而不再是原来定义的工厂。在用户社区里,用户的概念导入形成了一股价值流,用户将产品推荐出去,又是一股价值流。

对于未来的产业经济,我们无法做具体的产品预测,但可以从一个更加根本的视角来观察,在此引用华为创始人任正非在心声社区里说的一句话:"华为人已经不用自己的眼睛看世界了,华为人在用最终用户的眼睛看世界,华为人在用供应商的眼睛看世界,华为人在以万事万物的真来看世界。"

产业经济已经进入了"欢喜时代",用户在消费端只有一句话:"我喜欢的就是最好的。"但想要满足这个要求,对于供给侧来说,就需要思考"大结构、大过程、大科技观"和"小心智"的协同进程。企业要做到这些,需要费尽心力,一个"技术的真"已经远远不够了,需要寻找"万事万物的真",才能满足消费者的要求。

我们知道,科技革命的本质在于提高人们的生活质量,让人们生活得更好,数字社会的到来,也需要遵循这样的规律。

创新产业的核心在审美,而审美就是要达到用户对美的要求,因此,对于企业来说,让用户参与进来可以减少产业创新带来的痛苦。数字社会的产业经济内核应该更具有社会性,因此产业经济的领军者们需要变身为社会企业家，而社会企业家则需要注重社会的和谐之美。

数字科技和数字社会的转型，形成了一种特殊的支配力和强制力量，而数字中国则乘着技术革命的势头，做好了迎接这种特殊的支配力和强制力的准备。而迎接的关键，在于做好文化审美的准备，推进科学社会的真正到来。

下面以"美国国家形象和科幻文化产业链的内在联系"为例予以说明。

作为产业创新者，企业不应该直接向用户推销技术，技术是面向供应链的，在数字社会，呈献给大众的应该是"科技美学和工程美学"，比如，美国人在展示技术的时候，使用的是科幻小说和科幻产业链这样的文化产业来表述自己对于技术文明的看法。科幻产业就在阐述着"科幻审美"和"科技之美"。将国家形象和国家品牌产业化的过程，不但不会白花钱，还能够赚钱，让全球所有人都觉得美国了不起，是未来之国，而其他的国家不过是"现实之国"或者是"历史之国"。

科技美学跟美国科技创新力之间的关系，是一个很长的心智价值观传递链条，我们无法进行系统评估，但是科技文化产业确实鼓舞人并能够形成独特的文化审美，鼓励人们拥有好奇心和想象力，并成为创造天才。一个民族对于天才的态度，影响了科学发展，也影响了产业发展，包括我们的数字社会的基础科技和基础理论，都是美国的技术天才和商业天才创造的。科幻文化审美和科技的原创精神在本质上是一个连体的文化系统。

元创新的文化源头在于对于想象力的欣赏和文化审美，这是在人的心智中播下的种子，元宇宙的概念则来自20世纪90年代的小说《雪崩》，很多科学和技术领域的词汇都来自科幻小说。

科幻产业是一种"高概念"密集型产业，在科幻电影和科幻创意衍生产业生态的加持下，增强了美国的软实力，其概念引领能力和视觉科技的呈现能力，向全球观众投射了一种"科技形象"，而隐藏在背后的，则是对于未来社会的解释权和文化霸权，影响了全球的审美走向。

中国科幻产业的发展，涌现出了大量的"中国高概念"，这是值得期许的未来，我们已经看到了科幻产业背后涌现的世界级科幻作品正在重新塑造中国的科技强国形象，比如《三体》和《混叠》这样的小说，都在客观上对于产业经济和创新经济有着潜移默化的影响，一开始，这是战术的，积累下来，就是战略审美和国家形象的胜利。

好莱坞和五角大楼从来都是军事文化的伙伴，我们需要知道这种文化与军事部门的合作其背后的逻辑是什么。菲尔斯·特鲁布（Phil Strub）担任美国国防部娱乐事务联系办主任已经超过25年的时间。他在自己的职业生涯中和好莱坞合作了50部作品，包括《变形金刚》和《钢铁侠》等影片。美军很多的现役装备都出现在电影里。

专家从文化威慑的视角和传播学的视角来分析文化行为背后的含义：通过电影来引导全球的流行文化审美，通过科幻想象和现实军事科技的结合，达到一种"拟像效应"，即通过系统认知传播和传播技术系统来投射"美国第一"的认知。

有人评论说："出版业和影视业是一切产业的母产业。"产业创新背后持续的文化能量来源和驱动力是一个值得思考的深层次问题。从用户的美感培养和认知入手，才是伟大的商业模式，因此，当企业将审美融入产品设计和商业模式，就会创造出更具吸引力和独特性的产品与服务，带来更好的市场竞争力和商业表现。

在数字社会中，媒介力量和媒介结构正在成为影响社会认知的主导力量。任何企业在未来都是产业性和媒介性的合一，这是信息时代的本质规律决定的。我们处于信息时代，对于"信息"的处理能力事实上就是产业竞争力的一部分。

我们对于技术创新和管理创新带来产品性能和质量的提升，大概不会提出什么异议，但对于审美能够推动企业创新，提高产品和服务的质量、品位和价值，却可能认知不足。科技和科技审美，智能生活和相应的生活审美，这些领域已经成为关键竞争领域，而且，审美具有延后性和战略占有性，因此，这是产业研究者需要重视的领域。

创新产业的核心在于不断推陈出新，追求与众不同的产品和服务。数字社会到来的一个表现，就是人工智能开始全面赋能于每一个人，这个速度比移动互联网到来的速度还要快，这是数字经济指数式发展模式所决定的。我们的产业处于一个不断加速的通道中。数字社会的智能终端和随身计算系统将转移到数字助理和创意智能伙伴上，这个历史性的进程需要跟上，因为商业审美正在统率着创新全球化、学习全球化和知识全球化。摆在我们眼前的逆全球化只是"冷战胜利者"的最后一次固态思维模式的输出，企业在知识资源全球化层面也只是停顿了几步，大趋势还是全球化。

在未来的产业经济中，每一个能够长久生存的企业都有自己的垂直型人工智能，这是服务于自己整个价值链的智能系统，在整个经济运行的每一个细分领域，"人机时代"已经来临，从数字社会到智能个体，这个过程中的一切都在反转，都在生成。这是一个人文和科技的大融合时代，因此，所有的产业经济人不仅需要思考如何做好技术工程，还需要思考人文环境和审美观的变化。

3. 跨文化认同的关键在审美力

构建"审美共同体"是相对更为现实的路径，审美共同体的动力系统来自经济驱动本身，而抽象的文化推广，最终能够达到什么样的结果，我们却无从预测。

因此，我们能够看到在数字社会中，一流的企业不仅在科技领域投资，也在文化领域进行重点投资，设法让自己的产业矩阵中带有全球普适的文化共识性，塑造属于自己企业的"集体无意识"审美，通过潜移默化的超越式竞争，进行集体心理的主动塑造。可以说，这是一些以美国跨国企业为代表的国际企业正在完成的审美合围。

在过去几十年的经济发展进程中，一家跨国企业在进入全球新市场的时候，一般有文化公关和文化暖身的导入程序。20世纪80年代和90年代，进入一家企业管理者的办公室，满柜子都是松下幸之助和本田一郎的书籍；同样，中美之间的图书出版领域，美国的企业家和管理思想的案例著作，版权进口99本，版权输出不到1本。文化营销和审美营销是发达经济体的秘密武器，为整个经济体的产品提供价值观背书和审美背书。

尽管笔者多数情况下都在谈论"数字中国"，但实际上，数字时代是一个天然无边界的时代，谈及数字中国，就是在谈论数字世界，这本质上是一个意思。

数字中国的内涵和外延，必然是全球化的，数字中国和数字世界之间，天然地没有数字鸿沟，一切都是连在一起的完整数字拼图。在数字时代，我们需要讨论一个新的问题：商品即媒介。

这些观念首先体现在商业传播学领域，在20世纪八九十年代，其实先锋型的企业已经进入了数字时代，比如沃尔玛有自己的卫星，建立了自己的数字化系统，在今天看来，一个超市都能够拥有的数字化系统，在那个年代却是先进数字科技的探索者。

在沃尔玛的货架上，产品要靠自己的品相说话，全球类似的商业活动铺陈开来，引发了工业设计的热潮，工业审美经济已经成为全球主导性的流行文化形态，一个国家的跨文化能力，开始和这个国家的工业审美设计能力紧密相关。

笔者认为，在讨论数字中国的整个战略系统中，我们需要引入一个全球审美的比较体系，然后基于审美这种模糊体系，通过"比较研究"的方式对中国的数字文化和数字社会的建设提供未来型的认知支持。

用审美能力来引领经济发展，实现跨文化的战略传播，这样的思想来源于欧洲。早在文艺复兴时期，文艺和审美等艺术经济就开始成为经济的一部分，不过这是一种潜流，在生产者本位的时代，消费市场并没有将其作为刚性需求导入系统。

第二次世界大战后，因为历史的短暂机缘，美国幸运地成为人类历史上第一个全球性帝国，接着，审美的历史潜流从美国喷薄而出，成为显性文化。可见，进行全球竞争的本质就是要实现跨文化认同，因此，对于流行文化和流行概念审美的把握，就成为国家目标的一部分。无论在传统经济领域，还是在数字经济领域，我们只要仔细观察就会发现，跨文化审美能力的塑造是维持美国运行的战略基石之一，美国英雄审美和美国产品审美行走全球，我们需要看到这种审美能力的价值。无论这样的英雄是企业家还是超人，都是国家软实力的一部分。

在建设"数字中国"未来进程中，我们需要进行一种文化比较来确立自己的发展目标。美国"国家审美战略"从 20 世纪 20 年代起一直贯彻到当下，是一个永续的过程在数字经济领域，全球的英文新闻产业集团和多语言数字媒体融合一直在进行，在这样的战略框架下，美国审美战略和数字文化的成长是其深谋远虑的奇迹。

因此，数字文化领域，对于当下的中国而言，需要一种基于全球语境的高概念文化输出、一种流行文化输出和一种基于商品价值的品牌文化输出。

在数字化时代，观察全球商业市场，高概念商品时代已经来临，甚至在某些感受和体验性上，已经超越了一般品牌的表述能力。所谓高概念商品，不见得是高科技产品，而是按照审美战略贯彻到底的一整套生活方式。在表现形式上，就是一种流行文化加持的商品。T恤和牛仔裤就是如此，尽管这样的商品绝大多数在中国生产，从中国进口，但审美权力和品牌权力一直把握在美国人的手中。

在数字化时代，基于流行文化的传播特别会主动和全球年轻人进行沟通，这是一个放眼未来几十年的进程，基于世代交替的时间，考虑到成效，全球数字营销不仅体现在企业层面上，也体现在整个国家战略中。毕竟，谁拥有和全球年轻人互动的能力，谁就能够赢得未来。

一个国家拥有强大的持续创新能力，并非仅仅局限于技术领域，非技术领域的创新和技术创新也一样重要。而数字技术作为一个社会运作的底层平台，上面承载的是各种各样的知识体系，这些知识体系形成了一个完整的结构体，从而能够产生更好的联动效能。

审美力的形成是一个系统工程，细节可以落实到一件商品上，顶端和国家战略紧密相连。以美国生产的牛仔裤为例，其海外的扩张之路，在价值观、审美和文化策略上效仿了可口可乐的成功经验，同样灌注了美国精神，牛仔裤在流行过程中被赋予了各种内涵，在这种审美观的影响下，使得牛仔裤在20世纪70年代的东欧成为黑市里流通的"硬通货"。通过商品审美观和世界的年轻人进行互动交流，这些事情，已经成为一段确定的历史。

对于一个国家来说，想要获得全球市场，就需要构建属于自己的独特的审美能力。众所周知，技术科技一旦进入成熟阶段，技术领域就会表现出"可重复和可验证"的特点，这在过去几十年产业链全球化进程中已经看出来了。导入标准技术系统和保证质量管理后，中国的产品质量已经达到了一流水准，但审美力的培育却需要漫长的过程，需要社会转型为学习型社会，政府成为学习型政府，企业成为学习型企业。技术有了，格调还要跟上，伴随着数字社会的到来，我们不仅需要提供概念审美的引领，还要拥有不断输出流行文化的能力。

换一句话说，我们既要有制造一流商品的技术能力，也要有创造全球流行音乐的能力，如果能够将两者的工作方式融合在一起进入全球市场，那就是我们国家所具备的审美能力了。

4. 科技发展与审美创新之间的平衡

当"数字中国规划"提出来的时候，我们需要知道，这是一个面向深远未来的国家战略，中国站在历史正确的一边，科技是中国面向未来世界的主战场，是未来分出世界伯仲的主引擎和屠龙技，而非落后的殖民世界观和深度参与地缘战略博弈，这些都是战略陷阱。总之，我们的数字社会，是要在科技的引领下构建更加强大的知识型中国。

在数字智能化时代，借助完善的数字基础设施和强大的人工智能体系，人类在知识创造领域会进入一个长坡加速时代，在若干科技领域，全球会进入"竞赛式创新"的新阶段。现在的科技竞争，其起点就是一个产业体系，若干个产业体系纠缠在一起，形成完整的发展生态。比如，在生成式人工智能领域，硅谷就具有全要素市场生态；在新能源领域，中国也拥有全要素的市场生态。

通过更深层的洞察就会发现，每个大型企业的背后都隐藏着一个巨大的知识体系，而支撑这巨大知识体系的，又是一套和其相融的价值观，但这套价值观，又往往是最容易被忽略的。

我认为在数字社会中，科技价值观是很重要的体系，科技文化活动的价值从来就不在当下，而在于几十年之后的未来，这是一种向未来投射价值的根本方式。就像大科学家本身也是自己领域的顶级科普作家，这在创新经济体中是常识，站在顶峰的学者和小朋友之间的关系，决定了一个国家的未来；但在其他的发展中国家，科普出版和科学纪录片等文化产品，都是边缘文化产品。

科技创新文化能不能进入中华文明的文脉，站在未来千年的视角看，一切都会变得澄明起来。短暂的经济波动不过是过眼烟云，让科技文脉和一个文明进行深度融合，不只要停留在工具层，更要沉底进入文化审美层，中国人能够欣赏得了科技进步和科技散发出来的规律美学，融合的进程，就是审美创新。更好的发展观，比短期的利益更加重要。

数字中国规划中，会有数字文化的系统构建，科学普及和科学审美理应成为和传统文化同等重要的教育体系。如此，"发现数学理工之美，面向未来千年，构建中国科技文脉"就成了具体的目标了。

科技发展与审美创新之间的平衡，就是数字时代的总体脉络，而具有历史感和未来感的创新公司，事实上就是这种发展脉络的产物。从数字文化的视角来看，中国该坚持的文化是自己优秀的传统文化，这是一种文明的继承；同时，要接受科技规律和相应的审美文化，这是自我颠覆的文化，一个是传承，一个是颠覆，结合在一起的概念，就是"继承式创新"。一旦普及型的科技审美观建立起来，企业家和事业人就不会纠结在"研发是个坑、创新是个陷阱"的旧逻辑里，而会建立起"技术就是经济"的更本质更底层的认知。理解研发和创新活动，才能够连接起"创新创造价值"的新逻辑链。

我们说，一个文明的文化基于语言，而中华文明流传下来的典籍是不变的，尽管今天看起来传统文化中的有很多语言表述已经不合时宜，但并不影响语言之下"神"的传达，这是保持作为一个稳定文化体系的基础，是不变的哲学。而我们对于科技的认识，事实上是一种"科学范式"，科学范式永远都在不断的迁移当中，无论形、神都在变化之中，不守形，也不守神，这是科学范式的哲学。因此，科学精神的本质是向着未知进军，科学发展的本质是拓展新的、淘汰旧的，这就是恒变的哲学。

因此，想要接受科技价值观和科技审美观，就需要接受"自我颠覆的文化"，一代人在技术应用工程领域必须完成对于上一代人的迭代。比如，下一代的半导体技术就是一种颠覆性的技术系统，它的出现就是要将产业结构进行重新解构再重建。故而，在数字中国的文化系统中，我们需要更多地引入"变化的科学范式和范式进步"的概念。汉语中很难有与"范式"（paradigm）相匹配的概念，隐含的意思，大概是"道统和不断变化的新道统之间的竞争性迁移"，当然，这只是笔者的理解。

增长和发展仅仅是一种经济游戏，很多经济学家和管理学者都自称"社会生态学者"，如彼得·德鲁克、查尔斯·汉迪等，但发展的文化才是更底层的东西，它们隐藏在幕后，却主导着各种社会关系。

笔者认为,"数字中国"战略体系就是基于"社会生态学"的基础思考,以万物联动的思维模式来看现实和未来社会的大体系知识竞争和大体系知识转型,在关键基础技术创新中提炼出自身的整体创新,形成一个场域,比如,将数字社会的建设作为社会经济重建的战略机会,全面主动地拥抱智能社会的到来,用全新的数字范式和智能范式来推进难以推进的改革。

创新文化进入审美层,就是为了实现一代又一代人的接力式发展,并最终将创新的注意力集中在孩子和年轻人身上。

我们贯彻世界科技竞争的体系,就是几个超级体系和另外几个超级体系的整体竞争。这些越来越要求一个经济体具有可持续的创新能力,甚至有人说:创新力决定地缘未来,连续创新才能成为体系的一部分,事实上,创新力依赖的是人才辈出的体系,没有这个体系,本质上都可以被认为是"浅碟型经济体"。

一些缺少竞争力的地区经济事实上还没有为构建自己的创新力做好准备。因为这些地区从来就没有尝到过科学技术带来价值的好处,当认知缺失的时候就会认为,偌大的城市没有一项拿得出手的产业科技。

创新体系是一个层层叠叠的体系,大经济体之间进行着多层级的复杂竞争,但知识社会还是体系竞争的底座。宏观来看,我们已经看到了文化的分野,在深圳,企业家和创业者往往更能够接受科技创业的方式,而在另外一个内地城市,一个科技创业的企业家都没有。原因在于,深圳有一群创业者已经建立了对于科技产业规律的审美能力,对"以技术为手段的体系颠覆,形成巨大的商业创新生态"报以一种信仰和行动的热情。而访谈这些科技创业者会发现，当他们还是儿童或少年时，就是一个科幻科普阅读者，少年时代种下的科学审美的种子，在一代人的时间里开始发芽，在又一代人的时间里开始长大，科学审美价值的生成可能会延后三四十年，这就是科学审美的价值和意义。其实这些看似边缘的东西，却是创新文化的根。

5. 探寻多元数字审美表达方式

数字化时代，人类遇到的挑战，其实是"信息茧房"的问题，这个问题不能小看，社交媒体和数字媒体对于社会的影响，其实已经渗透到政治、经济和文化各个方面，应该说，这是一个共识碎裂的时代——所有人都发声，这是一件好事，但也是一件棘手的事。

包括一些学者，对人类社会共识的丧失都感到忧心，《人类简史》作者尤瓦尔·赫拉利就认为，人类的民族国家体系、宗教体系和文化共识体系都在失去普适性，板块边缘在不断陷落，一切都在面对"碎片化"的挑战，而重新凝聚人类共识的努力，并没有一条行得通的道路。

如果从上述的讨论观点来看待"数字中国"战略中的文化共识问题，我们也一样会遇到挑战，媒介的碎裂改变了中国经济，也改变了中国社会。但笔者在前文说过，中国是一个有着悠久传统的国家体系，自从有了国家和民族国家，中国文化就一直传承了下来。中国是一种融合型的文明，在历史上融合了无数大大小小的文化主体和亚文化主体，在历史上，虽出现了朝代更迭，但中华文明的文化共识是一直存在的，这是文明重新走向融合的内在动力。存储在文明深度记忆中的审美观、伦理观和天下观，才是文明永不碎裂的精神源泉，按照东方人的理解，就是一种说不清的文明气韵，群体心理学中的集体无意识。

在人类历史上，人类共识形成的过程是漫长的，这是由人类推进共识过程中语言和传播语言的媒介技术的局限性决定的。在旧时代，落后的语言传播技术使得一个思想的传播往往要经历几百年甚至几千年的时间，造成了人类共识形成的缓慢性。

这种情况在数字智能社会到来的时候就会改变，因为人工智能技术会消除语言及语言传播和沟通的障碍，从而加速。

不过在此，笔者想从地域性审美的崛起造成的文化嘈杂现象入手，找到人类凝聚文化共识和审美共识的新旅程。

人类发明语言，也被困在自己的母系语言里，因此人在学习和使用语言时，往往会受到自己母语的决定性影响，从而形成自己的语言习惯和表达方式。人成为被自己语言内在文化绑定的人。人类在思维模式中选择自己最熟悉的表达系统，几乎是一种思考本能。

在最近十年，移动互联网和智能终端的普及，使得基于所有语言的信息文化内容都被投射到了互联网上，地域性文化价值观和地域性审美经验在互联网上形成了新的文化边界，世界互联网文化变得日益嘈杂和吵闹，甚至有极化现象发生。这是观察者眼中所看到的不同文化碰撞的现象，充满对立和撕裂。无怪乎观察者对文化碰撞所持的消极印象，因为作为人都天然地知道人类在母语之外进行跨文化沟通能力的有限性。文明和文明之间、民族国家和民族国家之间，跨文化沟通能力的有限性，造成了巨大的文化误解，而且这些文化误解在移动互联网时代被无处不在的数字媒介放大。

汹涌的民粹让不同生活环境和不同文化背景的人共用一个话语场，人们在表述需求，也在释放情绪，具有同一文化体验的人开始聚集，形成自己的审美场域和话语场域。笔者认为，整个世界数字媒介的主体已经变成了一个情绪场域，不再仅是文化场域。而这种情绪场域和文化场域的分离，做人是一种媒介大众化之后的必然现象。在数字化时代，当一个人以不同姿态投射到一个媒介场域的时候，我们就看到了个人的矛盾性。换句通俗的话，在网络和生活中，充满了两面人。

数字社会需要在虚拟的数字空间里投射一个完整的世界，因此，理性的人会进入理性世界，情绪化的人会进入情绪世界，我们不能因为短期的嘈杂，就失去了对于共识形成和审美提升的观察。

借助无处不在的数字信息渠道，地域文化迅速崛起，使得地域审美文化汇入全球化语境，构建起了全球文化和生活大讨论的新现实。没有全球数字化媒介的完整场景，很多人都会是沉默的大多数，但现在互联网技术已经允许每一个人都能够发表他自己的看法。由此，带来了一个吵吵嚷嚷的网络世界。

事实上，政府和社会管理者也不得不面对嘈杂的互联网世界，按照微软亚太首席技术官韦青的说法："在云计算、物联网、大数据和人工智能的综合推动之下，万物正在重构。"中国的很多人工智能领域的企业家，如李彦宏、王慧文等，也在致力于将人工智能转化为自然语言工具，这是构建数字中国和数字世界的关键一步。所有的数字技术将以自然语言的方式嵌入大众的生活。在未来，无论是生产领域还是生活领域，自然语言处理型人工智能都将成为数字中国规划的最大的技术趋势。

我们生活在一个科幻和现实边界模糊的时代，人类进入通用人工智能时代的日期已大大提前。科幻作家刘慈欣、王晋康、邱伟都说过同样的话：数字时代是十倍速的时代，一个科幻构想可能在极短的时间内就失去了新奇性，因此，对于创作者来说，构思未来技术大场景已经变得越来越困难。

由于通用人工智能的进步，人类从语言和审美的封闭体系进入了新的开放体系。一个模糊的文化审美系统，只有在系统文化的比较中才会发现双方和多方各自的短长，中国文化有中国文化的长处和短处，其他文化也一样，各有短长。站在数字中国的门槛前，每一个人的认知提升都会是提升社会整体发展水平的关键元素。通用人工智能赋能于认知一般的大众，这个过程可能需要几年时间，但从历史的视角来看，是极快的一瞬间。

笔者预测，未来的世界文化和世界审美构造，不再是哪一种文化占据主导地位，当然，作为中国人，很希望是自己的文化具备统一世界的能力，就连英国的大历史学家汤因比都曾有过这样的期望，但事实不会按照这样的脉络实现，实际上，基于通用人工智能的多元文化的比较体系，会给每一个个体提供跨文化的机会。

事实上，在中国小微企业的跨境电商运营过程中，已经发现了中国生产者和跨洲际消费者的直接交流，个人直接进行跨文化交易和交流，这是数字化技术和自然语言处理技术的共同结果。当这种个体和个体之间的文化交流与商业交流成为普适模式的时候，无数的关于生活方式的审美就会自然而然地显现出来。数字时代早期的文化嘈杂，恰恰是沟通不充分，没有出现比较体系的缘故。

这里，我们可以不用再讨论通用人工智能数字助理提供的跨文化交流的数字人问题，因为随着影像技术的发展，在地球上，一个人和另外一个人进行信息无损沟通的时代已经到来。而一旦互动起来，大众就会发现，人虽然在知识集成领域落后于人工智能，但在审美表述，如感受到痛苦、快乐、爱和愤怒等情感的能力方面，却是技术社会代替不了的。人类对于美好生活的向往，最终会挣脱民族国家的边界，变成世界级的共识。若干种审美观，用美学的语言来描述，就是一个"审美融合的进程"，就像中国画和西方油画的审美融合一样，是一个历史进程。

拨开眼前所有的纷扰项，放眼人类更深远的未来，其实共识已经在形成当中，比如，环保能够成为未来世界的人类共识，气候变化导致的海平面上升、自然灾害频发等问题，不同文化不同发展水平的社会均有保护自然环境的共识形成。对于绿色发展达成共识，人类已经面临资源不足的问题，环保可以帮助我们将能源、水资源等宝贵资源的消耗量最小化，从而更好地满足未来世代的需要。

主动拥抱智能社会也已经成为一种社会共识。我们面临的旧世界是一个贫富差距十分惊心的世界，智能社会中，巨大的智能制造系统并不会去剥夺富人的财富，而是会通过智能生产的极高效能提供增量，为社会提供公平的基础底座，让社会运作达到基本福利社会的水准。智能制造的未来为社会提供了一个巨大的稳定器，通过制造增量和平均分配来平衡贫富差距,将资本挤向创新领域。智能设备、智能制造、智能医疗、智能交通等已经深入了人们的日常生活,未来将会服务于每一个人,智能抚育、智能化养老等能力将提升人们的生活安全感。人们拥抱技术,乃认为技术能够带来繁荣和公平,这是一种技术价值观;认为技术能够带来美好,通过有限使用人工智能提高人类福利,这是一种审美共识。

展望未来,数字社会减少人的生存时间、增加人的休闲时间是一种生活方式趋势。

美好生活就是借助高效能的智能社会的生产系统,每一个人的生活,一周只需要工作三天或者四天,美好的社会不仅仅是由物质条件构成的,还必须包括精神层面的丰盈,人们有更多的时间来摆脱生存挣扎,社会经济发展以提供"简单富足和安全感"为核心,让人有机会通过游历和增长见识来提升内在世界的丰富性。

全球简约生活方式的普及最后可能引领一场对于消费社会的颠覆,因此对于资本经济本身也会造成巨大的结构性冲击,在横向的生活方式审美的比较下,人们开始意识到,仅仅拥有物质上的享受并不能带来真正的幸福感,而是需要有更深刻的价值追求。

数字社会的经济发展的一个结果,就是人们对于物质的满足程度已经逐渐达到了一个相对饱和的状态,这时精神需求就开始成为人们关注的重点。生活方式的学习也是一个全球性的学习过程,现代生活方式带来的心理健康问题、孤独感、焦虑等与精神世界的贫乏和缺失有很大的关联,去陌生的世界短暂生活是大部分人的愿望,这为全球生活方式审美共识的形成提供了一个机会。

回顾历史，新中国向世界开放已经几十年了，世界基于语言和文化的分隔，对于中国的误解依然很深，很多在中国生活很久的西方人回到西方之后，传达的是真实体验的中国，这就是一种互动带来善意的现象，未来，无形数字资产的创造将成为人类社会的财富主导，人们对于地理的依赖将变小，数字社会里，人才和办公人员的全球流动成为一种趋势。

在数字中国的大战略上，我们的初心不需要做更多的文化输出，只需要做更好的自己。在数字社会中，我们需要勇于提出新的发展理念和生活理念，创新GDP算法，建立超大的稳定的安全社会：人们能够自由旅行，中国任何一个村镇，都可以停下来做世界数字游民的办公室。这样的数字社会的目标，需要从根源上去寻找解决之道。

6. 新型城镇化审美需求和文化挑战

数字化时代的一切构建，最终都要归为一条，让人本身生活得更好。因此，对于中华文明，审美价值的共识再次复兴，其实不在于文化领域的短期作为，而是能不能创造一种更有吸引力的生活方式。商业竞赛，正在转变为一种生活方式竞赛。谁能够提供更加美好的生活方式，谁就能够赢得数字社会的未来。

"人工智能负责生产，人们负责生活"，这是数字社会的乌托邦式的理想。我们可以分开讨论乐观的预测和悲观的预测。乐观的预测，数字化社会带来了新型工作机会，即位于城市核心区的办公人员不再需要坐在办公室工作，而是可以在全球各地完成一个工作流的协同。走走停停，可能成为一种面向未来的生活和工作方式。

因此，在数字时代，乡村将不再是以往的乡村，一些山水人文环境好的小镇，会在数字时代成为人们新的生活居住地。

对于未来的预测，悲观的估计就是出现科幻小说中的"终产者"。强人工智能和少数资源组织者的结合，可以对社会进行无孔不入的控制，从机制设计到心灵控制，完整的人工智能系统确实有能力做到这一点，这样的潜在风险，全球的专家已经给出了警告。

事实上，对于强大的技术系统，需要建立起强烈的边界意识，这应该成为科技时代的一种文化。为了避免这种可能性的出现，人们需要深入思考，并采取相应措施来确保AI技术的透明度和责任性。

技术改变生活方式的例子，在人类经济史上数不胜数，美国大部分产业经济和人口并非集中于大城市，而是星罗棋布地分散在一个多中心的城镇国家中，这和早期就建立"车轮上的国家"有很大的关系。车轮的半径就是生活的半径。

作为一本描述数字社会未来的书，我们需要突破眼前的惯性思维，现在年轻人希望挤到大城市的商业区中去寻找优质的工作，然而，历史发展从来都不是线性模式，而是借助技术系统的螺旋性跳跃行为。

在数字中国的战略框架下，有推行建立新型城镇化的战略需求，数字基础设施有预见地架设到了所有的乡村城镇。前瞻性的数字基础设施建设可能会在短期内引起争议，但从中长期来看，这是针对"下一个社会"的准备型行动，机遇总是钟情于有准备的经济体，这是毫无疑问的。数字智能化社会和新型城镇化的结合，将改变中国城市化的发展路径，让中国人可以在生活和事业间找到一种长久的平衡之道。

新型城镇早已经不是封闭的小经济体，而是一种建立在"网络的半径就是生活的半径"这种新的生活哲学基础上的。因此，物理世界的边界已经消失了，如果说还有边界的话，那就是文化审美的新边界在影响着整个社会经济的融合，靠着传统的历史惯性继续向前滑行。

例如高速互联网、智能手机、视频会议等，允许人们在世界各地进行远程工作和远程学习。这种灵活性使得许多人不再需要留在城市或大都市定居，而是可以根据自己的需要选择更有吸引力的地方居住。乡村和小镇成为一些人新生活方式的短期居住地的趋势正在逐渐增强。

如果说超大集群式的工业设施使人口趋向于中心化移动，那么数字智能化水平的提升，事实上就是人口去中心化的过程，尽管这样的进程在一代人的时间里表现得比较慢，但总趋势其实是不断加速的进程。

人工智能提升生产力水平，推动中国社会生活必需品的繁荣，基本的福利社会是人类数字社会发展的总趋势，基于现实生产力水平，一段时间的脱贫攻坚政策正是这个趋势的前兆。现在，随着中心城市的生活成本、房价等逐渐升高，加大了人们对于其他适宜生活地域的需求。因此，选择乡村和小镇作为短期居住地已经成为一个更加流行的选择。

"有网有快递的地方哪里都一样。"这已经成为一部分数字化原住民的生活选择。寻求更好的生活品质，以及城市通勤成本增加，都是导致乡村和小镇成为新生活方式下的主要短期居住地的原因。

当然，数字社会到来时，我们的观念准备也是非常重要的一件事，技术冲击和文化冲击从来都是一体两面的东西。在未来，数字化社会让聚集在城市的人回到乡野，可见，新型城镇化其实是一个巨大的社会系统工程，需要社会提供"新型公共产品"。而新型城镇化审美需求和文化挑战，其实就是在创造一种文化，为生活者提供一种"文化庇护力"，这是笔者在长期的城市和城镇文创项目建设中总结出来的一个词语。

任何一种自得其所的生活方式，都需要提供一种"强势的解释力"，让文化场域中的人能够在身心自洽过程中有一种皈依感，不仅能够安身，还能够安心。事实上，新型城镇化的系统工程，就是大白话的"安心工程"。

新型城镇化需要建立自己独特的强势价值观。所谓强势价值观，是通过对生活方式的保护而形成的一种独特的精神边界。在数字化时代，这种城市品牌和城镇价值观的构建，才是新型城镇化的审美基础和文化基础。笔者研究数字时代人类的生活方式，通过团队的推演和信息系统的模拟，得出一个可以作为参考的结论：一个城镇一个价值观品牌，提供同一类人的独特完整的生活方式需求。最终，人在这样的文化审美环境中会获得自己独特的价值创造能力，艺术群落、同类的工程师群落，使得知识工作者和想象力工作者能够在同一个狭小区域内找到可以激发自己活力的人，这是小镇生活的价值源泉。

在数字社会到来之际，我们过度关注了技术系统本身，而忽略了未来商业的战略竞争点。事实上，技术是一个标准化的系统，一个城市和另外一个城市的数字技术系统不会有明显的差异，在技术层面这是千城一面的。数字社会的发展，需要人们在同样的技术基础上去寻找不同的文化表达和艺术表达，技术系统越先进，就越依赖这种文化表达。

我们在预测下一个社会的时候，总是在思考颠覆性技术的走向，但在本书中，我们思考的问题，却是技术对于人未来生活方式的影响，人与居住地的关系问题，从来就是一个核心问题。社会发展的基础在于商业，商业竞争的形态在不断发生改变，而笔者可以确定的一点是，对于生活方式的审美争夺，是未来商业竞争的制高点。

而一切商业价值均来自人们的生活方式，大城市的中心话语权正在被数字社会解构，人们会在综合性比较之后，选择一种适合自己的生活方式来实现多中心化的社会经济布局，这是迟早的事情。

因此，未来的商业竞争和经济体之间的竞争，往往以一个城市和城镇为基本单位，为在这里生活的人提供文化庇护和构建心灵共同体，即便是小镇周边的农业系统，也会变成智能化推动的康养农业和主题农业。今天看起来没有经营成功的文化小镇，事实上都是因为没有把握住数字时代的运营规律，即把一个城市当成一个完整的多层次的文化经济系统去运营，而不是资源的各自为政。

国家战略层面很早就提出了新型城镇化，这种新型城镇化的发展方式不是独立发展，而是和整个世界充满了交互性，并在数字交互性的基础上重新聚集软硬资源,实现一种全新的发展模式,审美的形成,是主体和外来客体进行交融的审美嬗变过程。一切技术最终都会服务于人的物质需求和精神需求,新型城镇化提供的是一处又一处的"心灵桃花源"。

数字中国的未来伴随着人工智能工业产业效率的提升,工业失业率会增加,也会出现一定的经济分化,但未来的数字社会,一定是追求简单、富足加上多元化成功的社会。人在新型城镇里,用环境和场景所赋予的勇气去做选择,人要做自己的天才,按照自己的节奏来寻求发展,而新型城镇积累起来的数字资源和线下资源,恰能够支撑奋斗者在这里完成自我实现,这就是美好生活。人能够从单一的资本比较话语中挣脱出来好好做自己,大概就是下一个社会的人本目标,也是发展目标。

第二章
数字引擎和文化引擎共轭结构

1. 审美创新引领数字中国

本书认为，审美能力在整个数字中国大战略中占据主导地位。审美其实是一种普遍的选择能力，也就是在千万种物件中挑选出好东西的能力，这些好的东西聚集在一起，形成了一种完整的生活方式。因此，审美能力塑造了人的生活，也体现了人的品位，做事之前，知道什么是好的，什么是需要改进的，是一切价值构建的起点。

承认这个时代是审美混乱的时代，并不需要具备什么高深的洞察力，因为在数字时代早期，一切都像从幼虫到成虫的蜕变进程，数字技术让每一个人都有了露脸和发表看法的机会，因此，社会认知充满了各种异质性，但这种异质性是建立在数字社会的技术底盘之上的。因此，看似不可控的社会经济，事实上是可控的。这是一个辩证的认知过程，任何数字时代的参与者，都会在异质的声音里找到矛盾中的和谐和统一。

在数字时代，我们不可能再依赖中心化的表达来提升审美能力，而是通过多中心化和去中心化的数字审美竞争来形成一个稳定的审美文化，这个时间会比我们想象得更加漫长。放眼更长久的未来，即使社会经济会面临一定的波动性，人工智能驱动的工业经济也会产出更多的生活必需品，当这种富足时代保持一定的时间周期的时候，随着经历短缺恐慌的一代人的老去，审美价值和精神价值将成为左右世界经济的新的主导型价值体系。

人类从生存阶段走向自我精神丰富的旅程，体现在漫长的人类进化树之上，富足和闲适是促动人类自我创造和意义创造的生活基础。数字社会的本质是创造无数新的连接，创新者和创意者可以建立别样的连接方式，实现社会价值和经济价值的创造，毫无疑问，数字中国的基本认知就是承认数字经济在整个经济活动中的核心地位，这也意味着下一代人的主要财富形式和上一代人的不一样。上一代人认知的财富标的是房产和土地，下一代人的财富标的是数字智能系统和基于创造力的孪生世界与数字设施。两代人会有着不同的审美方式，也会形成不同的价值认知，正如珍稀邮票是上上一代人的资产，而他们的下一代和下下一代却几乎无人问津一样。

旧的审美场域的丧失，也意味着经济价值需要重新估值。和平改良的时代，一代人替代另一代人的方式就是审美场域的改变，一种财富形式丧失了主导地位，新的财富形式占据了主导地位，就像农业经济被工业经济替代的历史。未来的数字经济和数字财富的繁荣，也将延续替代的路径，农业社会的审美、工业时代的审美和数字时代的审美，其背后的价值体系都是替代和重构。因此，审美创新就显现出自己的社会经济价值了。

每一个企业或组织的领导团体中，都需要一个审美架构师，将技术工程和人文工程结合在一起，形成一种包容技术的审美创新能力。人类的骨子里有达成共识的普遍能力，如美妙的音乐，从古代到现代、从一个国度到另一个国度，跨越文明和地域种族都能够欣赏，并且注入自己的情感，这是普适的共情能力，是人类的一种自然天性。人类独特的共情能力，是

数字中国：赋能数字时代中国新质生产力

社会连接的基础，除了这个，人类在未来不可能通过其他方式连接成更美好的社会。

数字中国的战略框架是比工业 4.0 更加宽泛的社会数字生态系统，中国数字社会的建设是一种远见，需要更多的实干。从数字技术的视角，我们可以看到数字孪生社会对于数字基础设施的巨大需求，中国本身又是全球超大规模的单一市场，因此，仅在数字技术工程领域，就能够开掘出巨大的数字生态技术系统，如果说过去几十年中国人在轻重工业领域、基础设施领域获得了巨大的建设成就，建成了全球一流的基础设施，那么现在在数字中国的战略之下，用数字智能化来充实之，则是一个需要几十年时间的漫长旅程。

回到智慧城市和文化城市的概念，把城市当成一个产品系统去运营，市长不仅是政经协调者，也是城市的产品经理。城市是一个人们生活的大社区，独特的城市美学不仅连接了历史，还连接了现实和未来，城市的心灵护佑能力，构成了一种个人身心统一的福地。这种层面的竞争，现在还没有到来，但已经有了一些端倪。数字时代的技术发展引擎不是线性的，技术经济的本质决定了数字经济本身就是一种蛙跳式的发展模式。一方面，经济管理者需要有沉静的勇气和十年磨一剑的意志；另一方面也需要有快速进行资源大融合的能力，做好"一朝成名天下知"的准备。

对于数字技术经济的认知，事实上就是一种审美和创新结合起来的新的文化感受能力。当这种文化成为组织的共同文化的时候，我们就看到了一个科学集体的诞生。审美价值影响着企业的价值选择。

从认知哲学的角度来看，科技发展是一种"专业分散化和精细化"的发展过程，而审美价值将技术和工程又重归于融合的状态，形成一种系统性的审美感受。这是一种横向的穿越能力，对于复杂系统的治理，是一个非常重要的思维认知因素。

审美创新引领数字中国，就是将"美好生活"和"数字社会"的价值系统浓缩为一种因地而异的审美价值，这是具体的可执行的方略。这些都是前瞻性的构思，实现这些审美价值其实还需要连续的行动贯穿到整个组织的运行中。数字技术、数字文化和数字艺术通过产业生态进行融合，这种横向联系和互动，可以发挥审美创新的潜力，至少在当下，这种表达可以影响到发展观，让管理者意识到审美创新的必要性，这虽然是一种软性因素，却是基础元素。

数字中国的经济战略中，我们更需要关注消费社会的权力转移问题。权力转移意味着话语能力的强化，也意味着财富的转移，只不过，这样的大场景还没有真正到来。

事实上，在有限的数字化条件下，固定场景中的人不可能离开办公区域，因此基于核心商务区的工作人员需要一场现实的文化梦境，让所有消费者都成为现实的话剧演员。数字时代下消费者审美认知和心理需求的变化，有利于探讨数字化和人文关系的发展趋势。这是政府和企业都要深度洞察的问题，失去这种洞察能力，对于经济体和企业来说，是致命的。

2. 数字引擎叠加文化引擎

未来具体业态是无法预测的,但有些事情却是恒定的,如在可预计的未来,所有的文明都会转型为学习型文明。毕竟在数字社会中,所有的知识都如浪涌般奔来,每一个现代的生活者,都需要不断接纳和淘汰自己的知识体系,从而形成一个合宜现实的知识结构。

技术文化本身也是一路文脉,STEM 文化是一个完整的体系,从技术视角来看,数字中国只是技术中国的一部分,从一个更大的完整图景来看,文化中国是更接近于人的图景。

数字引擎和科技边界是天然全球化的,是一种持续的演进体系,数字引擎在某些领域是逐步演进的,在有些领域则是跳跃式发展的,两种都是技术社会的特色。而改良和颠覆性创新则是两种不同的形态。一般情况下,改良是主导性的体系,通过精益管理可以不断提升价值;而颠覆性创新的观念也与以往不同,技术思想家凯文·凯利对于科技发展模式有深入的洞察,他认为任何一个所谓颠覆性的科技成果的出现,都是全球科技异地要素同步集成的结果。科技不是颠覆性的突变,而是全球范围内的逐渐演进,并在不断地与其他科技相互影响。

因此,科技就是集成,这是一种激进的表达方式,事实上就是如此。

纵向突破和横向的应用集成是不断演进的体系，技术具有自身的生命力和方向性。不同于机械、工具等物品，科技更像一个动态的机制，能够自我升级，衍生出新功能和新应用，甚至对人类产生影响。总之，科技是一个具有自我意识的"生命体"。

数字中国是建立在对于科技规律的认知之上的，数字技术的发展加速了技术整合的进程，基于大模型的通用人工智能和专用人工智能让科技整合的进程大大加快。在数字中国规划全面实施的当下，也是世界科技全面加速的关口。

通用人工智能和专用人工智能将会快速普及，并和数字化社会紧密结合在一起，改变所有组织的行为方式，一切都在重构，来驱动整个经济的技术引擎，从此就有了整体结构，科技不再是抽象事物，而是一个一个动态、不断进化的实体。

企业的数字引擎已经快速转向基于数据积累的智能引擎，人工智能作为一个重要的技术手段，可以帮助企业更好地处理大量数据、提高自动化水平和决策效率，在推动数字化发展方面起到了举足轻重的作用。

基于人工智能的技术优势，我们可以构建更加智能化、定制化的服务体系，提升生产力和创新能力。比如，在金融领域，银行可以利用人工智能分析海量的金融数据，为客户提供更精准的贷款评估和风险控制；在医疗领域，人工智能可以帮助医生更快、更准确地诊断疾病，提升整个诊疗过程的效率；在制造业领域，人工智能可以将生产流程数字化，从而更好地掌握和利用生产数据，提高生产线的效率和稳定性。

一个社会的发展水平，取决于这个经济体能不能拿起这个时代最具生产力的工具，这是经济学的常识。人工智能不仅能够改变中国产业经济结构，还会重构中国的社会结构。数字中国规划，事实上是一种借助生产力工具的深度变革行为。

数字化和人工智能并不是一个简单的技术体系，而是一种社会学上的元思维，这是社会发展的新基座。人类几千年来积累的所有知识的大融合系统，和人类史上任何一个工具都不同，它是和人类大脑协同的技术系统，是永远改变人类社会的纪元性节点。仔细思考，人类的人工智能纪元时代已悄然到来。

在历史长河中，人类由于不断使用技术，从而发现了技术的价值，由此逐步展开理性的科学研究和技术工程研究。但科学技术范式终究只在少数经济体中落地生根壮大，科技发展需要和经济体的文化相融合。因此，科技并不是一条线，科技和科技文化土壤从来都是一体两面的结构体。

数字引擎叠加文化引擎，这是深圳和硅谷的发展经验。数字社会建立了一种基于技术信仰的文化体系，这个体系建立之后，经济体才能够成为创新的源头。事实上，没有文化环境的支撑，什么事情也干不成，即使干成了少数几件事，也会被落后的文化氛围湮灭。这是数字引擎叠加文化引擎的第一层价值。

因此，在数字中国的体系中，需要在数字文化中国的体系下让所有城市都注入科技文化基因。事实上，人类的大的科学组织已经变成了一个科学城，如华为、微软这样的世界级科技企业，它们不仅有科技引擎、数字引擎，同时也有文化引擎。这是一个看不见的隐藏体系，事实上也是让这些巨型企业人才辈出的原因。

科技文化引擎的构建，在一些城市中早已经开始，如成都、北京、深圳和上海这些城市都建立了科幻科普文化设施，拥有很多科技文化的线下和线上载体，利用这些载体来不断地进行科学文化知识的普及，从而建立起科技文化的基础，从青少年开始，培养"科技创造价值"的观念，让人们从少年时代起，就能够理解"技术即经济"背后的逻辑链条。

良好的科技文化氛围可以吸引更多的具有创新激情和实践能力的人才加入科技产业。这些人才在创新和实践中相互交流、学习和成长，时刻推动科技进步和创新。另外，科技文化氛围还可以促进科技和文化的融合与创新，从而产生更多的具有文化内涵和创新性的科技产品与服务。

数字引擎叠加文化引擎的第二层价值，是数字技术的发展，可以加速科技文化引擎的形成过程。数字技术极大地加速了先进科技的信息传播，推动了科技文化引擎的形成。

每一个人都是科技产品的消费者，每一件科技产品都被注入了数字化和智能化的要素，在产品即媒介的今天，我们可以更快地从全球范围内获取到最新的科技资讯和研究成果，这些信息的快速传播促进了知识的交流、合作与融合。

科技文化引擎的价值在于促使经济体中的人认识到全球的科技地图，让其在经过系统的比较之后，营造一个积极向上、勇于创新、敢于尝试、注重实践的科技文化氛围，以鼓励更多的人才投身于科技创新和产业发展中，从而进一步推动科技与社会的发展。

3. 双向互动实现数字中国的可持续发展目标

数字中国的战略决策，其本质价值在于让中国成为元创新社会。中国在人均收入上想要达到发达国家水准，需要几百个世界级垂类科技产业链的支撑，需要进行全局性的科技创新。

因此，数字中国规划的背后，其实是一种科技创新加速的过程，人工智能借助数字社会渗透进中国的每一个技术工程的创新流程，让社会通过技术创新实现飞速发展，穿越数字时代和智能时代，不断向前，直至进入人机共同创新的时代。

在笔者的思维排序中，数字中国确定的未来，会让我们进入一种人机创新的经济中。智能社会的价值，在于为每一个劳动者提供生产工具，这和信息社会的主导生产工具的是专业人士、工程师和程序员不同，智能社会意味着所有劳动者都会用上人工智能工具。由于人工智能技术强化的速度是非线性的，因此，预计在短时间之内，人工智能不仅能够帮助人类完成大部分的标准化生产任务，还能够辅助甚至在部分领域超越人类进行知识创新。

这里衍生出一个问题，既然人人都拥有科技创造工具，那是不是人人都能够创新呢？显然不是。正像早期火药的用途，有人用来造兵器，有人用来敬神，如此，人工智能也可能被用来算命。在知识创新的进程中，科技探索是由人类自身的意愿驱动的，推动科技发展的背后动力还是人文因素。

即使进入人机创新经济阶段，这种新的创新形式也主要在中国和美国这些对于科技发展抱以真诚态度的经济体中发生。先进工具和合宜的社会经济系统结合起来，才能推动创新成果的不断诞生。

中国已经建立了庞大的科技产业体系，投入了大量的资金、人才和技术资源于科技和创新领域，建立起了完备的研究机构和产业链条，促进了知识的生成和应用。虽然离高度发达的科技和创新产业经济还有一段差距，但总体来说，科技文化和技术驱动发展的基础认知已经深入人心。这种人文环境的营造，已经经历了至少有两三代人的时间了。

中国拥有全球顶尖的高校和研究机构，"人才中心主义文化"已经开始显现出来，这样的制度设计和经济体能够吸引来自世界各地的优秀人才，同时也注重对本地人才的培养和引导。庞大的教育体系培养了世界上最大的工程师群体，这样的群体在智能社会到来之后，能够协同人工智能进行创新。人工智能可以盘活中国巨大的理工科技人才群体，使他们能够在"专业人工智能"的辅助下实现更好更快的创新，并能够实现创新固定知识成果和应用收益的链条，这是一个可期待的未来。

在创新不断涌现的社会中，需要保持多元化、开放性和包容性，尤其重视文化和创新思维的多样化，鼓励不同领域的交叉与融合。人工智能的本质能力，体现在对横向知识的整合上，即一个人借助 AI 工具，拥有全人类积累的专业知识，这是一种未来可以实现的场景，中国经济也将变成真正的以全局性科技创新为驱动力的社会。

比如，一位医药工程师可以一次通过生化智能计算出1000种药品，来供其进行实验，这使得创新效率，得到了极大的提升。而在此之前，这样的药品需要一个一个地去找。

未来的竞争，主要体现在人工智能和人结合对于创新效率的提升上。这是人机创新经济的超级竞赛。"全局性的科技创新"是指要在整个经济社会系统中推进和实现科技的创新，涉及多个领域、多种产业链的协同发展，其核心目标是提高全社会的创新能力和科技水平。数字中国规划决策的本质价值就在于通过数字化的手段推动各行各业的科技创新，从而让中国成为元创新社会。这需要政府、企业、高校等各方共同努力，建立起一整套完善的科技创新体系，包括基础研究、应用研究、技术转化、产业化等，同时还需要积极引进国际先进科技和人才，只有这样，中国才能够在全球科技竞争中获得更大的优势，实现经济的高质量发展和大众生活水平的提高。从智能社会到人机创新社会必将是惊险的一跃。

接下来回到另外一个问题，以先进性和横向整合技术为特征的技术经济是不是唯一的发展引擎？事实上，未来数字经济会呈现两个不同的发展方向，更先进是一种语境，更美是另外一种语境。事实上，从数字中国的未来，笔者能够预想到的场景，乃是审美经济统领着人机创新经济和人机创意经济。

如果说人机创新经济是一种基于经济体的战略竞争能力，那么人机创意经济则靠近人类经济的主体消费经济和生活经济。技术领先并不一定能够领先市场，主要还要看构建在用户群体之上的生态。在构建世界级的产业生态基础上，审美经济统领着技术经济，除了战争机器，其他一切产品均需要注入文化审美元素。

商品竞争层面是典型的效率竞争，基于产品营销的商业竞争，是一种可复制的标准化的硬实力，一个标准化的工厂无论是在义乌还是在越南，均可以生产标准化质量的商品。在企业的语境中，做不同才是更好的超越性哲学。如果说工业时代的本质就是复制，那么数字时代的一切价值则是基于互动基础上的个性化构建，这就是当代和下一个时代的特质。

过去，是少数人制定标准的时代，现在和未来，则是多数人的协同性表述需求产生标准的时代，而人工智能正在为用户提供一种新的能力，就是用"聊天框"替代了"搜索框"，让用户不再需要进行精深的技术表达。这体现了人工智能的未来技术趋势："一切皆为自然语言。"

未来的商业经济一旦进入"自然语言阶段"，文化审美经济的元要素价值就会立即凸显出来。很多人对于语言的理解仅停留在工具层面，这种理解是肤浅的，让人体验到的也仅仅是表层信息；语言的内层和深层叙事逻辑，才是其真正有价值的方面。

无论是在政治层面还是在经济层面，自然语言中都包含了相关审美和价值观，这是不争的事实。未来的商业价值都是企业和用户在实时的自然语言对话中生成的，现在看来，我们还缺少这样的生成式人工智能的场景，而这，恰恰是数字中国规划的机会。

我们将文化审美和价值观带入一场自然语言的对话，这是中国在数字文化时代的机遇和挑战。人机创意经济变成一种普适的经济发展模式，可以为中国经济可持续发展提供一种持久的驱动力；人工智能技术则可以通过自然语言的方式与人类进行交互，不再需要用户具备专业的技术知识或语法结构。中国人一旦跨越了自己的语言结构，实现人机创意经济和世界经济的结合，就代表了一个新的经济时代的来临。

数字中国，一个是数字化硬环境，一个是由语言和文化所组成的数字化软环境，而后者建立起来其实更加困难，因为往往一种文化的转变需要几代人的努力才能够完成。

未来人工智能技术的发展将会越来越侧重于自然语言的处理方面，使得用户与计算机之间的交互更加简单和高效。这使得人机创新经济和人机创意经济飞速发展，并形成一种双向互动的局面重构中国的一、二、三产业。这意味着，数字文化届时会全面渗透进国人的生活和事业当中。

4. 文化引擎提供稳定的精神支柱

任何一种社会经济的发展，本质都是一个文化引擎的重塑。一个国家或民族强大与否，在于它重新创造自身文化的能力、创造知识的能力如何。创新能力不仅体现在具体的技术生态上，还体现在文化的再生能力上。毕竟，人是根本，接纳和重塑文化，才能够迎来下一次的发展机会。

数字中国的战略框架，已经设定了数字智能系统作为整个战略的底座，因此，在可预见的未来，所有的企业都会有自己的文化思维机器，在经过无数次的迭代之后，变成企业的文化发展引擎。同样，每一个人都会有数字智能助理,这些随身的智能伙伴,能够打通一个体全部的技术和文化需求,并在个体层面上完成学科的大融合,让一直处于科幻和现实之间的"智能增强型人类"变为现实。

在数字智能社会中,文化的精神性正在转变为一种智能,这是一个不断自我发展的智能体,是具体的,可以互动和感知的。我们总是担心数字智能能够创造自己的文化,然后架空人类本身,事实上,这种担心完全是多余的,中心化的互联网走向个人的数字智能助理阶段,这是人类互联时代的一种结构性的翻转。

基于知识和信息大融合的智能助理,不会给个人制造"信息茧房",相反,它会主动打破"信息茧房"。这是智能助理和个人相互塑造的过程,对于人的提升,相当于每一个人都有了一座随身存在的大学。

文化引擎的价值就在于此,人机社会中,首先要看到个人,个人经过智能增强之后,其选择能力会得到同步增强,相当于做任何事情的时候都有一个随身教练。这种辅助认知成长的工具,是孪生的镜像自己和生成式智能的结合,会让人形成一种认知递进式的演化循环。现在,只有在高度智能化的数字化军队中,才能够有这种个人环境实时认知系统,而在数字智能化社会中,这些都是标准配置,恰如现在一个人的手机终端可能比以往一个军事指挥系统的信息节点的能力都要强一样。

在数字中国规划中,个人的数字智能助理事实上是一个关键的信息节点,能够帮助人和各类专业系统沟通,让人的知识结构变得开放和宽广,而这种开放和宽广是围绕跨越不同种族语言形成的一轮世界性的文化开放体系。足够开放的文化边界将之前不可比较的文化特质放在一起,在比较选择中获得一种共识。

未来，我们会看到一个加速发展的社会，这种发展和以往的发展模式不同。在我的另一本拙作当中，我提到，在未来，人类的基本物质生产会变得越来越容易，人们在物质领域获得利润将变得越来越难，这是商业中的事实。同时，工业技术的发展也遇到了陡峭的曲线，向上的难度加大，大多都无法走出U形山谷。基于这两点，在我们讨论数字智能社会的时候，我的很多师友和学生都感到迷惘与悲观，但我是一个乐观者，我想说的是，在数字中国的中高端进程中，在物质世界的尽头，是无限宽广的精神世界，因而，物质需求的尽头，就是无限叠加的精神需求。

诚然，在今后数十年之内，数字智能将是人类竞争的科技主战场，人工神经网络模型、大模型、超大模型将转变为终端机器思维助理系统，我们可以看到一种场景，当一个机械设计师用自然语言对着智能机说出要设计一台具体功能的机械时，几种备选的具备功能的机械设计全图、仿真模拟都瞬间完成了，剩下的只有一件事，即让设计师决定哪一台设计方案可以被置入智能制造进行协同式制造。在今天看来，这是科幻的场景，但事实上它已经很近了。

未来的社会需求，工业能力和制造能力将变为一项地平线之下的基础能力，物质产品的生产越来越体现出社会福利性和基础性；而地上部分，则是人类的精神需求产生的复杂结构。

在数字中国规划中，我们能够看到的现实和未来，其实是人类的智慧和机器智能的深度融合。在现实中，人们出于对美好生活的追求，会促使机器智能在几年之内实现一次飞跃式的增长，然后继续以数字智能助理的身份,来帮助人们营造更好的生活方式。

作为不同于人类的智能,在人工智能和人工智能之间,它们的知识创新和知识融合才是未来社会知识繁荣的主场景。未来,对于大多数人来说,不必再去担心人类的智能跟不上智能机器的智能,人需要思考的问题,主要是在富足的时代如何做一个有价值的人。

对于人类来说,数字智能化社会不是没有危机,最大的危机来自生活方式本身会侵蚀掉人所有的时间,关于此从现在的现实中我们已能够看到这种尴尬,人工智能和数字化工具帮助我们省下了很多时间,但这些时间却被我们通过看短视频给浪费掉了。生产时间的高效率可以帮人节省时间,但省下的时间又都被我们消耗在了低质量的娱乐上。为此,英语里提出了一个"杀时间"的概念。

为避免改善上述情况,在数字社会中,我们需要构建一个不断提供精神产品的社会,并将人类的财富价值观引导到精神产品上。最终,我们将实现这个目标的方法和路径放在了审美能力上。

人类将会进入一个新的文化繁荣的时代,造物不再是一种惊奇的能力,但是精神产品却可以。现代社会的"空心病"问题其实是普遍存在的。从历史的角度来解释,在人类百万年的进化史中,人类主体的生活目的就是生存,我们几乎所有的文学作品也都在描述生存的主题,人类历史上,整体安逸的富足时代只存在于工业社会后期的一小段时间内,巨大的历史惯性,让人们在总体文化上还不适应这种富足感,炫耀文化和生存竞争文化还是社会的主导性文化。因此,在数字社会中,重新构建人类的精神支柱是一个全球性的问题。在数字中国的战略框架中,用文化引擎来提供稳定的精神支柱，是一种核心价值。

在过去的时代里，人们总是倾向于向外扩张去寻找生存资源，而现代人对于自我的探索却更加深入，为自身发展而发愁，属于精神层面的问题，用物质层面的价值来填补精神层面的问题，已经无法满足。

人的精神需求其实是最大的刚需，只是在资本话语里被部分地遮蔽了，这不是人自身的问题，而是社会经济系统的问题。因此，在未来的财富构成中，如果文化精神产品繁荣起来，并成为财富的主要表现形式，那么人就一定能够获得"自我拯救"的能力。

现在，技术系统是一种失控的现代力量，数字化和人工智能正在不断地重构社会，现代人对于工业时代的专业信仰正在走向崩塌，现在大家都在谈论的是一种可以迁移的能力。在现代社会，职业认知的提升并不一定能够跟得上人工智能的演化能力，人一旦陷入了人与机器的竞争，便没有了立足之地。

稳定的精神支柱其实是一种高层级的需求，要解决的问题是"我是谁"这一层级的难题，是人被压制的自我认知需求是否得到了满足。

人是需要自我证明的，如果将来职业和专业阶梯都丧失了，那么人与人之间最大的合作场景就是人温暖人，这不是乌托邦，而是一种新的事业。如果人在生产主场景的直接操作性的工作消失了，那么人人都会借助智能系统变成精神产品的创作者，保持社区和社会的连接性。在可预见的将来，创作将是一种人人可为的常态，人们在不断创作的过程中不断地探索自我，自我越丰富，则输出的价值越丰富。求知欲和兴趣层面的需求一旦被激发出来，人便能够成为更好的自己。

5. 碰撞交融释放创新力量

数字中国的技术底座是庞大的数据网络和基于全球数据训练出来的人工智能，数字智能社会改变了人们的工作范式，也改变了研究者的科研范式。之前，我们觉得一流的研究机构就是找到世界一流的人才，让他们通过努力作出科研成果。现在，任何有竞争力的企业都在构建自己的人工智能。而对于研发机构来说，除了聚集一流的人才、投资一流的人才，还需要专业人工智能的辅助，让人能够拥有在瞬间穷尽全球专业数据并进行推理的能力。

实际上，只要全球经济还是市场经济模式，全球性竞争就不可避免，而其中最关键的一点就是基于一流学者和一流人工智能构成的创新加速器。面对人工智能的应用，所有的科研机构都值得重新设计一遍，建立一个更好的规则系统，加速原创知识的形成。

而在数字中国战略中，重要的工作方式就是围绕着"人与人工智能创新加速器"这样的范式创建一个完整的工作体系。这个完整的工作体系，要既能够保证一流的人才在机构中待得住、稳得主，又能够保证数据、算力和算法的完美配合，从而构建出完整的人工智能系统，或者叫科研大脑。

目前的前沿科技机构中积累了大量的数据需要进行清洗融合，因此训练更加智慧的科研大脑已经成为科研人员的重要任务。科研机构中需要引入人工智能部门进行任务训练。例如，通过使用人工智能的独特计算能力找到一种最优的方案，然后按照方案进行实验，从而获得结论。而对于人工智能来说其将所有产生成果的可能性方案全部给出来，然后进行合理的评估，最后将几种最优的方案摆到人的面前，这种工作效能在将来会得到飞速的提升。

科研人员每一次对于数据的标注和正回馈，都会让人工智能变得更加聪明，从而让其发挥出更多的创造性。人工智能的这种循环迭代，会逐步变为一个推动组织重构的核心系统，来推动大量的科研人员完成高质量的工作。和激发普通人一样，出色的科研大脑能够让很多二流的科研人员做出一流的工作，并在人与人工智能的协同工作中培养出一种新的人机文化。

数字中国规划，包含了让人变得更优秀的诉求。中国拥有7000万理工工程师，美国拥有3000万理工工程师，目前看来，它们是世界上推动知识创新的核心力量。中国参与国际竞争，除了人的因素，人工智能因素也是另外一个关键点。7000万理工工程师必须和全产业链产生的无数人工智能结合创造，加速中国的技术创新和工程创新进程，事实上，到目前为止，中国人在这样的领域里已经完全抓住了人工智能时代的转型机遇。

以前，我们总是抱怨，中国的科研人员缺少元创新能力，事实上，只要走进中国科学院和各大学的顶级实验室就会发现，科研早就过了"灵光一闪"的阶段，进入了枚举式评估创想的新阶段。在这个阶段，科研人员除了要有自己的构思和创想外，还要站在所有全球同行者的肩膀之上，基于所有同行者的努力和智慧来进行创新和创想，这是科研工作的一种新范式。而这一切，都要靠出色的信息融合能力来完成，因此，数字化系统对于科研起到了关键加速器的作用，减少了很多科研人员的无效查阅信息及整合知识的时间。

在数字智能时代，选择是一种更高维度的科研活动，"评估机器创新成果"是最有技术含量的科研。这里就回到了我们前文一直强调的科学审美能力，当对于数理系统的认知达到一定的境界之后，同样会出现科学艺术化的现象，一流的科研成果在表达上往往都很简洁，也很美。

笔者和很多科研工作者深入探讨过这个问题，在某一个科研机构中，导入人工智能体系已经是一个常识。但建立人与人工智能的协同体系，并非只要求科研人员做一个提示词工程师这么简单，过程中的绝大多数流程还是需要科研人员来完成。

现在流行的观点认为，部分创造性工作更容易被人工智能取代，但事实却并非如此，人机是一个技术审美和艺术审美共进的过程。分辨出什么是好东西，这是人本身的价值所在，是人工智能代替不了的。而科研受到市场需求的约束，这种约束是无处不在的。

因此，笔者曾提出了一种现在看起来有些反直觉的思考，即未来的孩子在教室里接受的美学教育可能比某一专业的知识还要多，因为这些孩子要面对的未来，不仅要构建人与人之间的关系，还要构建人与人工智能之间的关系，而对这些新关系的构建和适应能力，会影响孩子的未来。

在未来，人和人工智能的关系并非像很多人想的那样是一种对抗关系，甚至说人工智能会取代人类。人工智能和人类之间的关系表现为：人工智能可以辅助人类完成某些创造性工作，但并不能完全取代人类的创造力和判断力。市场是一个充满非理性的场域，和战场旨在消灭对手的思维模式完全不同，尽管在文化层面，我们会不自觉地将人工智能想象成"有侵略性的异种族"，但市场里需要更多的协同者、服务者和构建者。

人工智能刚好拥有标准的协同能力和服务能力，而人作为构建者的地位是不会动摇的，因为市场经济最终都会被纳入消费者需求满足的狭窄管道，否则机器自动化大生产没有任何意义。人工智能可以通过算法和数据分析等方式产生一些创意和设计，但是它们缺乏人类的情感、直觉和审美判断力，无法像人类一样真正理解艺术和文化的内涵，人的生活并不是光要一个结果，更多是在体验生命的过程，越是在富足的情况下，人对于过程体验的需求就越强烈。因此，人工智能永远不可能代替人类，它们只能是人类的辅助者。

在工程师的日常工作中，审美过程已经成了不可或缺的一部分。与之前的工程师文化相比，这是一个全新的转变。同样一个问题，在有大规模人工智能辅助的时代里，可能会有多种技术路径可供选择。而在这个时候，就需要人们进行更多的思考和组合来作出最优决策。

因此，在当下的社会中，就要求人们要更加注重审美过程，并且将其融入日常生活和职业领域，以锻炼自己的创造性思维和提升作出最优选择的能力。

碰撞交融释放创新力量，"和机器一起创造"是数字中国规划的核心理念，它代表着我们与先进技术相融合、共同发展的信念。这一行动哲学不仅体现了人类对科技进步的追求，更彰显了我们对未来社会的美好愿景。在这个数字化时代，我们需要以开放、协作、创新为基石，与机器智能紧密结合，在各个领域实现互利共赢。只有通过"和机器一起创造"，才能真正推动数字中国建设向前迈进，并让每一个人都受益于科技带来的便捷和福祉。

6.技术世界隐藏在优雅的界面之内

凯文·凯利在《失控》中写下过这样一段话："最深刻的技术是那些看不见的技术，他们走下精英阶层，不断放低身段，将自己编织进日常生活的肌理之中，直到成为生活的一部分，从我们的视线中淡出。"

我们以为数字中国强调的是技术体系，事实上谈及的是人的物质和精神生活的充实。某一类技术总是在一段时间内引起了人们的关注，新技术往往如此，但是过了一段时间之后，人们就认为这是生活中的常态，因此，这是个"消灭奇观"的社会。

在当今时代，新技术的涌现让人们感到惊讶不已。然而，这种惊讶往往是短暂的，因为优秀和平庸之间的时间周期正在缩短。比如有些技术系统在迭代中很快被淘汰了，有些虽然并非高科技，却因为与人们的生活方式相符，从而快速被应用起来，在人们的生活中扮演着关键角色。

比如集装箱系统就是一个典型的例子。如果没有数字智能化港口的升级改造，我们可能很难意识到集装箱所带来的巨大价值。尽管它并非高科技产品，但它对于全球贸易、物流运输等领域都起到了至关重要的作用。

正如我们所知道的那样，在过去几十年里，集装箱革命彻底改变了国际贸易和物流行业，并且仍在持续发挥着重要作用。集装箱就是通过标准化设计和规范化管理等手段实现货物快速转运、安全保障以及成本控制等目标。

可以说，在某种程度上，"技术折叠"这个词语恰好描述了集装箱系统所具备的特点：简单、便捷、高效、可靠性强，并且适应性广泛。

在新旧交替的时代背景下，"技术折叠"的概念也越来越多元化和复杂化。无论是哪种形式或者类型，"折叠"都将会成为未来各个领域创新发展中必须面对和解决的问题之一。

数字中国的战略概念背后，其实就是利用数字智能化技术将对中国人友好的技术系统折叠成为一个完整的自然语言界面，让技术和人之间变得没有距离。

从技术角度来看，现今的知识体系已经变得越来越精细化和具有分离性。在技术层面上，我们往往无法解决同样处于技术领域内的问题。因此，专业技术只能以数字智能化的方式被折叠成为标准的技术模块。

就像一块芯片里包含了不同公司所拥有的算法和技术专利一样，这些模块可以直接应用于下游企业中。这意味着下游企业不必通晓每一个具体的技术细节，就可以轻松地使用该项先进科技。

然而，在实际应用过程中仍需注意各种可能存在的风险与挑战。例如，在数据安全方面需要加强保障措施；在人工智能等新兴领域，则需要更多跨学科、跨行业的合作与创新。现代社会中存在一个令人深思的悖论，尤其是在技术经济领域，而无论我们多么渴望独立自主，事实上谁也不可能完全做到，即使是一家强大的企业，在提供一定程度的自主性方面也有所限制。更进一步地说，要想取得更多成果和成功，则需要建立在全球协作的基础之上。

这种行动哲学并非简单地依赖个体或组织内部资源和能力就能做到，而是需要借助外部环境、市场需求以及国际合作等因素来推动发展。只有通过与其他企业、政府机构以及各类利益相关者进行紧密合作，并共同探索新兴技术和商业模式，才能实现真正的创新和突破。

在当今竞争激烈的商业世界中，任何一个企业都不能孤军奋战。只有秉持开放包容、勇于拥抱变革的态度，并善于寻找合适伙伴进行合作，实现企业作为"知识创造者和技术共享者"的基础角色，才能够在市场中获得一席之地。可见，这是一个使企业经营管理回归其本质的过程。

企业和区域经济不能再指望靠卖产品和卖服务实现经济跃迁，而是要作为垂直领域的知识领军者的本来角色出现在市场里才能有发展的未来。数字经济要求每一个企业、每一个参与竞争的新经济体保持并强化自己的独特性，这考验着企业背后的人，也考验着新经济体背后的战略管理者。

实现这一目标需要企业回归其本质，注重内部管理与人才培养。只有建立起良好的知识管理体系，并将其融入日常运营，才能够真正提高企业的创新能力和市场竞争力。数字时代，企业生存的核心战略越来越依赖创造独特的知识，然后仿照集装箱原理，将企业知识折叠起来，之后像拼图一样放入数字智能化系统中。这样就形成了一个完整的知识模块，然后通过与不同应用场景的不断交织和融合寻找新的价值源泉,从而帮助企业获利。

独特的知识需要像种子一样撒播到世界上所有能够应用到的产业链中,其收益来自数字社会强大的算力,将全世界的碎银子收集起来,完成企业的积累,并且将积累再次转化为知识,继续将知识变成可应用模块,渗透进每一个应用场景。

当人类的数字社会进入深度进程之后,现有的知识产权体系将受到越来越大的冲击,知识的高速迭代和"越分享越有价值"的思维方式,正在冲破知识专利的栅栏,在技术共享方面也需要加强合作与交流。通过开放式创新、产学研联盟等形式,促进各领域之间的协同发展,并让更多优秀的科研成果得以应用于实际生产中去。尽管日本在氢经济领域拥有绝对优势的知识产权,但其应用却未能走出自己的岛屿。

日本一直致力于研究和开发氢能技术,而忽略了与其他国家合作推广氢能源的重要性。事实上,随着全球对可再生能源需求的不断增长,氢经济已成为各国争相探索和开发的新兴领域。世界其他国家避开了日本的专利池,如果日本不能及时跟进并积极参与国际合作,将错失引领行业发展的良机。

对于知识和科技审美,技术和知识观察家早就引入了科技树审美。现在的知识和科技企业,不仅要能够看到自己的企业团队正在做的事,而且还要看到整个科技树。在人工智能时代,企业最终将扮演一个知识库的功能,其所提供的技术和知识只是巨大科技树上的养分。

用数字中国规划来封装现代社会的复杂性,这确实是一个系统性的挑战，但数字社会的大图景已经展开，这是可行的道路。最有影响力的技术不是那些显而易见、处于顶尖地位的技术，而是那些潜移默化、无处不在、融入人们的日常生活并且几乎看不见的技术。

我们不会再关心无线网络，也不会再关注家庭自动化，这些都已经转化为一种"自然技术"，在生活中，人们只会感受到优雅的界面，以至于我们将它们视为生活本身的一部分而将其忽略。

艺术和智能被人用来组合成各种可能的产品，然后进入一个一个垂直的终端氛围性小场景中。人们希望在生活中获得更多的意义和价值，通过体验生命的过程来获得更多的满足感和幸福感，因此，人们感受到的是风格和体悟，是人与产品的交流，优雅的界面才是未来无数的企业需要投入精力和资源的领域，越美的事物，往往越有价值，虽然审美是模糊的，但美的产品一旦出现，人们就会觉得这是他们想要的。

第三章
数字中国重构中国数字经济

1. 审美需求引领下一轮数字经济变革

从历史的长远视角来看，数字社会经济的发展是一个不可避免的趋势。

中国社会的未来也将继续深入推进数字化转型与升级，并通过合作共赢实现更加公平、包容和可持续的发展目标。道路曲折，但普及数字技能、缩小数字鸿沟的进程不会改变，数字化已成为推动社会经济发展的重要力量。在这个数字时代里，各行各业都在积极探索如何更好地应用数字和技术创造价值，以获得更好的发展。

短期内看数字智能化社会的发展都是问题，长期来看则都是机会。

例如，随着人工智能技术的不断进步，一些传统行业可能会受到冲击；同时，在数据安全、隐私保护等方面也需要加强监督和管理。然而，长远来看，数字智能化社会带来的机遇是无限的。通过大数据分析等手段，我们可以更好地了解市场需求、优化资源配置、提高生产效率。同时，大数据分析等手段在医疗健康、教育培训等领域也有广阔的前景。

放眼未来，我们发现它是反直觉的，三五十年之后，后辈人会理解不了我们这几代人的行为，认为我们是"过度拜物"的时代。在这个时代，我们用收窄精神空间的方式，来拼命获取早已越过生存线的消费资产，把它们作为一种事实上的摆设来埋葬自己一生中最好的时间。而这些时间，本可以让我们借助数字智能化时代的浪潮明晰自己的人生使命，来做一件让自己骄傲又不枉此生的事情。

每一个生命时间才是最稀缺的资源，在经济上，竞争的本质早就移动到了"时间战场"，故而，谁让用户的一生过得值得，谁就是经济层面的赢家。数字智能化经济和机器人自动化生产的速度会比我们预想的进程来得更迅猛。

数字智能化和机器人自动化技术的应用已经成为现代制造业、商业和服务业的趋势。这些技术的发展不仅提高了生产力和效率，还降低了生产成本和人力资源的需求。随着科技创新的不断推进，数字智能化和机器人自动化将在未来几年内取得更大的进展，预计各行各业将以更快的速度采用这些技术来优化运营和提高生产效率。

数字智能化可以使企业更加灵活和敏捷，通过收集和分析大量数据来指导业务决策。同时，机器人自动化可以扩大生产规模，并减少错误和人为干预的风险。这些技术的应用将极大地改变我们的工作方式，许多重复性和危险的工作将被机器人替代。

从中国的数字化进程来看，数字智能化的未来，首先颠覆的行业就是庞大的制造业，应该说，是自动化生产继承了大量劳动密集型工厂，让企业变成少数技术工程师和系统工程师值守的无人工厂。如果按照顺位思考，这必然会带来就业岗位的流失和贫富差距的急剧扩大，但事实上，社会显然不会朝那样的方向发展。

历史地看数字经济，过去几百年来，有两本书作为经济学的奠基性著作对人类经济史产生了巨大的影响，分别是《道德情操论》和《国富论》。但《国富论》一直摆在《道德情操论》的前面，资本社会的发展有意忽略了《道德情操论》的存在；而在今天，《道德情操论》应该摆在《国富论》的前面，因为公共利益和社会稳定才是社会经济发展的真正目的。利人利己、基于同理心和情感的经济形态，才能够建立更健康的数字经济。

那么，未来的数字社会，会以什么样的形态呈现呢？笔者认为，审美需求会引领中国下一轮数字经济的变革。当然，对于新经济形态的产生和发展，并不是突然冒出来的，早在2001年，德国学者格尔诺特·伯梅（Gern Bhme）在《审美经济批判》中就对人类经济发展形态进行了总结。他认为，人类的经济史可以从宏观层面表述为三大经济形态：第一种为农业经济形态，第二种为工业经济形态，第三种为审美经济形态。对于前两者，人们没有理解的障碍，但对于审美经济形态，人们的理解可能就不多了。

数字经济带来社会经济和人际关系的颠覆性改变，在传统资本主导的社会中，资本主义的核心是资本运作，其附属经济是以需求为导向的消费经济。而审美经济则是在消费侧崛起的一股新的力量，这股根本力量的崛起，原因在于大媒介的破碎，让资本方无力再塑造整体的经济潮流，使得消费者至少在局部拿到了自己的话语主权，进而能够基于自己的生活方式来解构资本的话语霸权，这是数字时代对于普通消费者的赋能。

格尔诺特·伯梅认为，现在的商业经济正在超越实用功能，实用功能已经变成商业经济的地基，审美和氛围体验相结合，才是新商业经济的主流形态。

在数字中国的战略下，还是需要思考一个朴素的问题，在数字智能化全面渗透到经济基本面之后，谁能够赚钱？赚谁的钱？

实际上，利润已经不在实用性效用领域，产品已经是企业和用户进行互动的道具，在数字世界里，能够在功能基础上叠加多少快乐和幸福效用，才是数字时代创业者面对未来的商业系统的构建模式。

2002年诺贝尔经济学奖获得者卡尼曼教授所研究的新商业价值的生成方式，让人们逐步从积累物质的生活中走出来，对于稀缺不再恐惧，而是将完整的愉快生活体验作为经济活动核心价值，这是经济学200多年来"最大的一次价值转向"。

现在，也有很多企业在经营上将用户愉快体验和深度情感体验结合了起来，如一些文化民宿产业，就以创造用户一生难忘的记忆为用户服务价值的目标。将整个消费体验封装起来形成体验性审美，让用户在之后的旅程中念念不忘。因此，一个地域文化创意经济要想发展起来，需要该地域有提供完整的环境氛围的能力，而不再局限于产品本身。

商业领域的铁律就是价值的稀缺性，在未来几十年的数字和实体融合的经济中，谁能够提供实用功能和审美价值叠加在一起的稀缺性，谁就能够成为赚钱的企业。而从消费侧来思考，文化个性和丰富体验已经成为消费者的需求重心。

追求和欣赏互动和情感体验已经成为审美经济的主要特征，审美需求对数字经济的重要性已经不言而喻。审美需求将成为引领数字经济变革的重要驱动力，即数字经济将更加注重满足人们的审美需求，从而推动数字经济的发展和变革。这也意味着，在数字经济时代，创新和创造力将成为推动经济发展的重要因素,而满足人们审美需求的产品和服务将成为市场的主流。

2. 创新、高效和实用的数字经济未来

数字中国规划重点强调围绕战略产业构建数字技术和实体经济深度融合的经济形态。按照这个大的思考逻辑,数字资源和数据资产就成为下一个社会运作的核心资源了。

在人类的历史上,财富形式从土地转移到知识产权,再从知识产权转移到如今的经过算力和超大规模数据训练出来的智能型资产,主导型的社会财富形式,也从过去的土地资产演变为现在数字中国规划下的基础设施和数字智能资产。

传统的企业还在积累土地资源,而在数字中国的经济框架下,一些企业已经开始致力在农业、工业、金融、教育、医疗、交通、能源等重点领域加快数字技术的创新应用,以形成自己的数字引擎。我们现在在做市场观察的时候,也已经在作区分了,看企业是否有建立数字引擎。

在未来,利用智能专家系统从数据资源中提炼出的企业数据资产,将成为企业的摇钱树。这些数据资产是不断丰富和自我迭代的,并且以指数式方式进行高速优化,因此,必然会将企业带入一个发展的快车道,这是数字引擎的核心特质自然塑造的结果。本质上,数字中国规划的背后,是

一种高质量的创新战略在支撑，国家将数字引擎作为未来几十年发展的核心引擎，是一种系统性的战略转变。

在经济领域，国家数字战略引擎为中国未来几十年的发展打造了一个新的加速器，这是一个加力引擎。在过去，中国抓住了工业全球化分布的战略机遇，打造了工业引擎。现在，经过了几十年的发展，工业引擎所提供的动力系统已经不足以推动如此巨大规模的经济体继续高速发展。因此，从宏观上来看，相当于在经济体上增加了一个数字引擎，实现了工业引擎和数字引擎的双发动机结构，这是未来高质量发展的战略规划。

从宏观层面上来说，数字中国需要建立起庞大的面向未来的基础设施大动脉，以算力构建作为系统运行的重心，实体的基础设施在可预见的未来都会转化为数字智能型基础设施，赋能和智能体系将得到提升。同时，作为一种新型资产，数字资产也将和房地产一样受到全面的政策保护，实现数据的汇聚利用，打造多层次的通用智能和垂直智能体，建立一批国家数据资源库，用区块链等完善的数据产权制度将所有资产参与者的贡献变成现金流，建立完善的估值经济和分配经济。

尽管由于巨大的历史惯性，在市场中，人们对于实体消费资产依然非常热衷，但新的数据要素资产认知的导入已在进行中，虽然需要多年的时间，但让市场主体认识到关键资源之间的战略转化，就说明已经构建起了全新的发展模式。

例如，一家专科医院在保护好隐私的情况下得到的精细化医疗数据，可以在一个国家的数据体系中进行分享，然后得到合理收益。当然，这家医院在垂直医疗引擎的辅助下服务质量得以提高，同时在服务过程中也有了持续产出高价值数据的能力，因此成为一个高价值数据资产的生成者。这个过程是连续的，经过时间和数据的积累，会逐渐变成一个具有核心竞争力的智慧型系统。

当各行各业的数据汇聚之后，就能够实现数据资源化和数据资本化。每一个产业经济都以打造更智慧的数字引擎为主要目标，建立了新的价值衡量体系和经济整合体系，这是具体的可操作的战略目标。因此，从经济形态来看，至少在经济领域，清晰的目标会带来更加有效的行动力，故而我们相信，在数字中国战略下，更换主引擎后，能够有一个更加高效创新的中国。

在微观层面，未来所有具备一定规模和可持续性的企业，都是数字化企业，它们既是产品的生产者，也是算法和精准数据推动的数据生产者，是拥有双引擎的企业。数字引擎引领研发生产引擎，数字经济的价值能够将用户也囊括进来，这是工业系统所不具备的能力，基于数字引擎运作的企业将和用户有效互动作为一种新型的生产行为。

其实，政策层倡导的实体经济和数字经济的融合一直在微观层面发生，但是中小企业想要从数据资产领域获得可持续的发展能力，还需要一种系统创新和战略创新，需要内外结合，以开放性和多层次协同性，将收集分析数据的行为贯穿到整个系统行为当中去，将数据生产当成一种自觉行为。

企业作为数据生产者的新定位，能够给企业的未来带来比较大的好处。建立以数据和智能驱动的企业，不仅能够将其资源赋能给企业内外的每一个人，让员工和用户都能得到更好的数据支撑和服务支持，还在保持企业创新力、效能管理和精准行动方面具备更大的价值。

展开来看,通过数据的共享和开放,企业可以让员工和用户更好地了解企业的业务流程和决策依据,从而促进员工和用户之间的互动与沟通,提高企业的运营效率和经营能力。通过数据的分析和挖掘,企业可以更好地了解市场需求、消费者行为和竞争对手的动态,从而让企业的决策和创新行为得到有效支持,实现企业的可持续发展。通过数据的比较和总结,企业可以发现经营过程中存在的问题和机遇,并及时采取行动,从而帮助企业降低成本、提高效率和增加收益。

数字中国会增强中国经济的内生动力,通过信息技术的应用和创新推动中国经济数字化、网络化、智能化转型升级,实现经济引擎再造。这是在数字中国的框架下进行的全要素渗透式的组织结构再造,在这样的组织结构下,各行各业都将在数据的支持和驱动下采用人工智能、大数据、云计算等前沿技术进行优化分析,实现各项经济活动的高效、快速、精准化,减少决策错误,提高社会整体生产效率和劳动生产率。

在数字社会,智能制造、高速通信、互联网医疗、人工智能等新兴产业将得到充分发展,并成为中国经济增长的新引擎。这些新兴产业对于中国经济转型升级具有重要意义,可以填补传统产业发展的空缺,为社会创造更多的就业机会。

在全球范围内,各个国家都在积极推进数字化,以提高自身经济实力和国际竞争力。建设数字中国将提升我国的数字化水平,加强我国与世界各国的经济合作,提高我国在全球价值链中的地位。未来是服务和体验经济,中国小微企业基于中国制造业优势,完全可以将中国产品和服务体验做到全球市场，实现全球性数据生产。同时，全球性的数据迭代大大优于地区性的数据迭代，这意味着中小企业也能在数据引擎的推动之下去做针对全球用户的体验式创新。即使是一家小企业，也是基于全球图景和全球标杆，这是小企业做大做强的必由之路。

《数字中国建设整体布局规划》的发布，标志着中国的数字智能化社会的进程进入了一个加速阶段。数字经济纳入领导干部政绩考核体系，意味着数字战略已经深入了社会治理层面，更表明整个国家的市场主体和治理主体都需要植入数字文化基因，以达到真正在认知层面上形成"数据就是新时代的石油"这样的价值共识。

综上所述，数字引擎不仅能驱动经济的发展，对于社会治理，也会产生深刻而深远的影响。

3. 历史、人文和情感需求引领文化经济未来

在数字中国的战略框架下，一个深度数字智能化的社会离不开科技发展和审美创新。科技发展是指通过技术手段不断地推动和提升生产力、改进生活方式和满足人们需求的过程；而审美创新则是指在实现技术性功能的前提下，对产品外观、形态、颜色、材质等进行创新，从而让人们产生审美体验的过程。

数字基础设施和科技发展带来更先进的生产力，而先进的生产力需要

和人的幸福、愉悦成为一个互为根本的系统,因为发展的目的,都是人的生活。

一个经济体的可持续发展能力,不仅取决于技术经济的"领头雁"作用,同样需要服务经济和体验经济的助阵。高科技在整个产业经济中产生的价值和影响力虽然更大,但尊重"科技是第一生产力"的现实,还需要发展技术经济和人文经济共轴的经济形态,用技术经济带动人文服务型经济的发展。

社会经济的全面发展,需要深度理解以数字经济为基础的技术经济和文化经济的关系,这是一个相互借力的过程。按照经济学家的观点,任何一个系统性的经济发展都不是偶然的,这是历史因素、人文因素和产业元素大融合的结果。因此,数字经济、文化经济和技术经济是三位一体的格局,它们之间有着"互为生态、互为依赖、互为审美、互为增值"的关系。

超越功利、无目的的审美因素和文化因素,正在被引入主流的产业,这在过去是很少见的现象。近几年,基于中国元素的"国潮审美",就是一个文化复归进入商业体系的案例。很多国潮品牌在引入历史文化元素后,其品牌价值和品牌认知都焕然一新,这是一件很好的事情。一种自信的文化才会乐于展示自己骨子里的东西。历史、人文和情感需求将成为引领文化经济未来的重要驱动力,文化需要成为一种产业引擎,自觉进入产业,并无处不在,这就是一种经济层面的自觉。

在地产经济主导的时代,工程设计者热衷于聘请国际设计师引入"北欧风""德国风""意大利风",持久接纳而不是双向文化对流,本质上就是一种本体文化审美的旁落。基于对一种整体生活方式的向往，会带来对于整个文化体系下产业经济的高度认可，这种高度认可，恰是中国企业在海外没有做到，而其他的文化经济体在中国做到了的。在一定程度上，其他文化经济体把握了审美话语权。因为他们引领了经济体中从事与审美工作相关的人的审美，这就等于是驾驭了一个跨国文化的审美，看似没有任何经济价值的文化艺术活动，事实上是最顶层的经济活动。用有影响力的群体，从文化入手，用少数人引领多数人，从来都是文化扩张的基本路径，在数字化经济中，也毫无疑问是数字营销的内核。

随着数字社会的到来文化作为一个重要的战略元素，基于深厚的历史，其也在完成庞大的数字化进程。文字和视觉存留始终是人类认识历史的主要方式，通过数字化技术，人们可以更加便捷地获取人文艺术作品，了解人文精神和人文价值，从而更好地满足自己的人文需求。

数字化社会为人文需求的满足提供了更加广阔的空间。在数字中国战略下，需要建立全球化的有竞争力的国际数字媒介平台来承载中国文化数字化的进程。中国的文化工作需要从抽象的研讨变成商品中的元素，因为事实上，每一件商品就是最好的媒介，可以承载中国企业乃至中国文化经济体的价值观。而且，商品输出也不仅是商品输出，还具有提供文化体验和文化互动的功能。

如果中国的一家企业在技术工程、研发和客户服务领域已经做到了一流水准，那么在未来，这家企业就需要通过确立文化和价值观来为企业的发展提供动力支撑，以明确数字战略、产品战略和文化战略三者的关系，形成多元的驱动引擎。

文化战略并不是虚空的行为，在过去，我们谈到文化，就是务虚，事实上，现在中国的商品文化媒介已经遍布全球，在全球的大部分超市，如果找不到中国商品，就是件很奇怪的事情。数字时代给企业带来的最大变化，是让企业具备了媒介性。在企业的工具箱里，数字媒介已经是和技术系统一样重要的战略工具了，如果企业不会使用媒介，那么就是经营价值观落伍的表现。

文化和品牌是市场中的一种溢价力量，也是企业得以持续发展的基础。数字文化领域，以马斯克为代表的企业家，除了经营企业，还会输出对于未来的想象。事实上，我们需要承认，以马斯克为代表的美国派企业家因顾虑人类的未来而做的看似疯狂也不可能完成的事情，事实上都是数字时代的经营行为，也是金融行为。

战略眼光和对超大图景的观照精神，依然是美国一线企业家的表达模式。现在经济层面的竞争，表面上看是产品和产品之间的竞争，但在深层竞争领域，起到关键作用的其实是文化格局。马斯克以其敢于拥抱变革的精神和超前的战略眼光，成为数字时代的代表人物之一。而中国企业家和文化思想者则很少做整体观照式表达，基本认知都局限于产品层面。只有产品，没有文化概念，因此提供不了产品的文化纵深，也构建不出宽广的文化意境，使得产品只能停留在"物美价廉"的竞争层面，而缺少世界级的文化表达。

其实，数字时代的企业更容易成功，而没有成果的原因很多是因为企业没有完成数字化转型，在经营过程中没有遵循数字化规律。数字中国规划对于中国经济的影响，在政府层面，已经是一种对于经济体结构的考核体系了；在企业层面，数字化转型实则是一个硬指标，不转型就意味着企业已经成为旧事物了。

每一个企业都有自己的数字化路途，有的在"高铁上"，有的在"乡村土路"上等，总之，各有各的个性。例如，从深圳、上海和北京来看，是技术经济主导的小世界；但对于更加广阔的中小城市和乡镇企业而言，它们的未来数字智能化之路在哪里？解决了这个问题，中国经济就能迎来下一轮的长期增长。

无论是大城市的以技术经济主导的企业，还是中小城市和乡镇企业，都需要寻找一个共同的项，笔者觉得就是要建立一种人文生态优先的战略，以"审美互动和审美生成"作为经营战略，不再借助代理体系，而是直接作为数据生产者，在垂类领域做到全球最优，获得世界级竞争力。

这就是重新设计企业顶层框架，用文化审美来重新做全球表达，借助数字媒体和跨语言技术，实现全球一盘棋。企业这么做时，要打破旧的理念，明白企业再小，也要立足全球化，绝不能保守，只有小企业全球化，才能实现数字时代积累数据资产的目的。

在数字化社会之前，企业的用户群体可以借助渠道进行代理，现在，企业想要实现可持续发展，不管规模大小，都需要直接建立全球用户互动系统，这是构建独特生态的第一步。

未来并不会停留在"体验经济"层面，借助数字社会带来的战略融合能力，企业需要在深度接触用户的过程中，建立起深度服务的能力，即能够从内在改变用户。未来的经济，已经不是卖产品和提供服务这么简单，而是需要在文化审美层面形成审美互动，做到通过不断地塑造用户来促进用户的自我成长和自我完善。总之，在基本需求和物质需求满足后，从丰富人的内在来重新设计商业模式，是面向未来的挑战。

4. 算力和智能引领下一轮经济变革

中国对第四次工业革命的响应能力表现得尤为出色，在过去的20年当中，中国政府和企业在数字基础设施领域做了巨大的投资，迎头赶上了这一次工业革命。这是几十年战略积累产生的必然结果。

在数字中国的战略框架下，明确定义数字经济是中国经济的核心引擎。这样的定义，在今天以产业视角来看，似乎有些夸大其词了，然而，事实总是反直觉、反线性思维的，拥有战略眼光的决策者早就洞察了产业趋势，看出了数字经济在未来会系统性重构现代经济。

以电力、内燃机、电子技术和电机技术为代表的第二次工业革命，实际上是一场以钢铁洪流为基础的机械电子革命，美国、德国、日本和苏联等均是这一次工业革命的引领者。作为经济观察者，我们看到了德国和日本到今天为止，其主要的工业和工程技术引擎还是基于第二次工业革命留下的底子。百年的内燃机演化迭代技术系统，无人能及。

从经济史上来说，工业经济的本质是复制，而且是大规模的复制，这个时候，企业的经营哲学就是拼命地压榨工人，让工人拼命干活，作出最大产量，占领最大市场。但随着全球化的发展，企业经营者发现，这种模式有一种边际效应，一旦市场饱和了，这种加班加点的标准化生产就不行了，利润会越来越薄。

结果自20世纪60年代开始，在电子技术精细化升级的过程中，美国完成了第三次产业革命，即电子信息革命。电子信息革命能够更好地协同资源，促进超大规模工业企业和商业企业的诞生。

美国意识到电子技术是整个产业经济的中枢神经系统后，便开始在战略竞争中打压德国和日本电子技术的发展，将产业链分散进小国和地区小经济体，它只进行产业整合。反观德国和日本，在遭受美国的打压后又退回到国本型技术体系中，它们的战略框架也停留在了第二次世界大战前后的工业哲学中。

美国的发展哲学，在第二次世界大战后就进行了重构，其核心战略从"竞争"转向了"超越"，其中以范内瓦·布什撰写的《科学：无尽的前沿》为一个显著的标志，它表明，美国的国家战略已经从工业管理进入知识管理阶段，至少说明，美国在当时就已经意识到战略技术系统引领的产业经济发展可以带来新的发展机遇。经过几十年的努力，从20世纪60年代开始，美国就已经开始在悄悄更换经济引擎，从工业管理主引擎转为知识管理和连续创新主引擎。这是对于工业经济模式的优化和超越。

信息技术引领的第三次工业革命，是对第二次产业革命的优化和迭代，典型的技术就是"数字陀螺仪"对"机械陀螺仪"的替代，然后继续优化，用集成芯片对"数字陀螺仪"进行进一步替代，成为内嵌于芯片的知识模块。正如当下，数字智能化电车对于传统燃油车的替代，事实上，竞争的主场景是"数字智能化和边缘算力"，驾驶已经沉淀为基本功能了。

因此，当我们看到以日本丰田为主的几大车厂发声明贬低电动汽车产业链时，作为观察者就会明白，站在第二次工业革命的视角，无法理解数字智能化未来的新现实。

数字中国规划内含了工业4.0革命的要求，不仅是对着产业经济和产业引擎，更是面对全社会，进行社会系统性的变革，因此，数字中国战略决策看起来和风细雨，但实际上却是一个"硬核的科学决策"。在科幻作品《混叠》中，作者将第二、第三、第四次工业革命从能量角度进行了系统的总结：第二次工业革命是典型的能量机动性模型，基于"包以德模型"的OODA循环；第三次工业革命，典型的发展引擎是信息机动性模型，基于"美军信息中心战"模式；第四次工业革命则是典型的智能机动性模型，算力和生成式的智能，多中心持续创新持续融合，是面向未来的智能发展引擎。

数字中国规划的内核目标就是为中国经济和整体社会的未来发展，其中中国经济的未来和小经济体不同，中国经济是一个典型的混合型经济，既有康养身心的自然经济，也有时代最前沿的战略科技产业，中间还有庞大的轻重工业的生产制造能力，因此，中国的数字战略在全世界都是一种独一无二的存在，它是由多层次多主体混合经济形成的多引擎发展体系，适合数字时代的中国。给中国社会每一个组织系统都装上数字智能引擎，作为未来几十年中国面对复杂挑战的主发动机，这就是数字中国带来的战略价值。

工业4.0社会的大门已经开启，之前十年，这个大概念一直处于不落地状态，但在未来，出色的企业会从细微现象和变化中找到社会发展的大趋势,如过去看来是"人工智障"的人工智能,当下正在经历飞跃性发展,算力和智能即将引领下一轮经济变革,之前进行的战略投入,现在和未来会收获指数级的战略回报。

实际上,国家的思想库已经提出了这种简单直接的口号:算力就是生产力,智能算力就是创新力。算力经济作为一种推动数字社会发展的基础设施,是中国经济必须突破的领域。算力器件将成为未来中国经济的战略增长点,这是完全可以确定的事情,我们已经看到这样的经济融合场景:国家科研力量和企业力量进行大规模融合,突破关键硬件和关键系统软件,为下一个社会的发展提供基础设施。中国政府在这方面做到了观念领先,此刻,我们已经看到了一个智能加速的学习型政府系统构架的建立。

从经济视角来看,中国经济社会进入了更换主发动机的过渡期,中国企业和各类组织系统都能感受到更换过程中放慢速度的短期进程。基于智能机动性的经济体,事实上是面向未来几十年的主导经济形态,这是一种换道超车的战略思维,因此,在更换的过程中,需要保持足够的战略耐心。

智能机动性模型,是关于社会经济的未来型思考,现在大部分经济观察者均认为人类发展处于一个减速周期中,中国经济也受到了减速的压力,实际上,这是一个海啸之前至潮水退去的大场景,下一股浪潮正在酝酿中。

智能和算力是下一个社会的基础设施,也是未来社会的骨架体系,其核心价值在于带动人类总体知识的快速飞跃和产业创新的进程,呈现出一种"乘法效应"。因此,我们需要认识到数字中国规划下中国经济是一种先减速后加速的知识扩张的发展过程。

未来社会，智能和算力会支撑一切经济行为与社会行为，人类也因此进入了一个新的发展阶段，从有限的知识管理阶段进入以智能驱动的无限的知识创新阶段。

智能加速创新，更多的知识产生更多的价值，这就是智能机动性模型带来的新发展机遇。知识扩张的进程，是通过超大规模的横向资源实现的，由此形成了一个知识大融合的社会，在这样的社会里，我们只需要把握住"美好生活"的牛鼻子，就有机会在人机交互的界面中找到自己的位置。

5. 产品和文化品牌升维到审美品牌

品牌经济是对于消费市场和用户心理的深刻洞察，早在50年前，未来学家阿尔文·托夫勒（Alvin Toffler）就将经济活动粗略地分为制造业、服务业和体验业，并认为社会未来的发展会进入体验经济阶段，提出了一个模糊的概念，叫产品心理化阶段。用寻常的话语来描述，就是世界经济正在从"肠子经济"过渡到"精神经济"阶段，而现在我们所处的经济大环境，就正在面临着这种战略变化。

在数字中国规划框架下，抛弃旧有的品牌理论和发展理论，用数字时代的品牌规律来重新思考品牌战略、重塑品牌资产，这是中国企业普遍面临的战略任务。

那么，数字时代的品牌规律有哪些呢？这需要我们去做更深入的洞察。

品牌专家刘述文认为，在数字时代，一个国际品牌，需要有分享的基因。利润和分享并不是对立的，而是辩证统一的，这应该是未来企业品牌的运营哲学。因此，分享价值是一切品牌组织的未来之道。

在笔者看来，品牌经济已经从符号经济转变为一种文化和审美经济。产品品牌、文化品牌和审美品牌之间，逐步拉开距离，形成多层面的竞争模式。从现实实践来看，以手机产业为例，苹果是审美品牌，其做到了产品、文化和审美的三位一体，从而轻松拿走了整个行业的主要利润，而其他余下的手机企业，基本都停留在产品功能的叙事层面，因此，他们就只能在这个层面展开竞争。

之前，业界提出"品牌护城河"的概念，即基于定位和系统性媒介传达，将有效、简短、有力的信息像钉子一样钉在用户的心里。在大媒体时代，这种战略是行之有效的，但在今天的自媒体时代，后现代去中心化媒介矩阵正在解构这些头部品牌。随着美国国际形象的受损，其高科技品牌依然高歌猛进，但在一般消费品品牌领域，其已经失去了品牌锐度，主要原因就是"美国梦"内核精神的流失，凡是不能提供完整生活方式的消费品牌，在表达上都失去了力量。对于媒介力量掌控力的削弱，使得"符号帝国"文化力量失去了全球覆盖力。

笔者提出"审美护城河"的概念，尽管在之前，已经有碎片化的词语提出了审美能力对于经济领域的重要价值，但系统地说，我们需要从产品品牌、文化品牌和审美品牌系统认知，探及数字时代品牌经济的内在规律。

基于传统大媒体传播的规律，企业和用户之间是分离的。企业觉得在经济系统中，自己是主角，用户是配角，我生产，你来接纳，或者换一种说法，我定制，你来购买；一些品牌企业引入了设计师品牌，同样的逻辑，我是有名的设计师，我设计，你来购买和体验。在这种品牌模型当中，企业和用户始终是两个主体，适销对路用的依然是最底层的企业运作逻辑。

可以毫不客气地说，中国绝大多数品牌均处于这样的运作水平。

数字时代的品牌文化，企业和用户其实处于一个文化场域当中，媒介原理已经从传播转移到互动模式。这个模式的转变，意味着旧的品牌理论和营销理论受到了前所未有的挑战，但总体来说，一个理论的消亡速度是很慢的，因此，即使在数字时代，我们依然能看到很多拿着旧工具干活的人。

回顾资本发展的历史，300年来，权力主要集中在供给侧和资本端，而在数字智能化社会中，权力发生了转移，转到了消费端。一个新的品牌时代已经到来，按照新的文化工业理论，数字品牌是一种"我导演，你出演"的新形式，实时的互动模式带上了相互评价的机制，品牌就像电影业的运营规律一样展开。因此，在数字时代，品牌经济已经全面进入心理学领域，品牌和用户之间秉持着"互为主体，互导共演，相互提升"的新关系。

在数字社会中，媒介结构的变化，为中国打造世界级生活方式品牌创造了战略机会。媒介结构的变化，表面上看，只是社会信息流的改变，但在本质上，经过时间的积累，意味着这个时代的中心话语者的地位已经受到了巨大的冲击。

在数字中国的战略框架下，我们能够看到一种经济未来，即中国在完成数字智能化转型后，会为世界提供一种基于数字媒介规律的产品流通网络。按照专家的说法，未来中国人构建的全球生活方式品牌，是基于全球多元文化审美能力的，站在离用户最近的地方，和用户一起来榨取供给侧的剩余价值。消费资本正在牵引供给资本，这是中国品牌经验的基本模式，品牌商不再是卖手，而是对用户有价值的买手。

中华文明的内核是多元内核，在统合多文化的大境界中有着一个星系的结构。每一个文明星球都有自己的内在生态秩序和文化秩序，这种包容性的文化审美能力其实就是一种暗能量，看似无为，但在根本上却是维系一个星系运作不散乱、少"撞车"的根本力量。数字时代必然是多元替代一元的时代，因此，中国人在文明审美和文化审美的层面上，完全理解数字时代的内在要求，这种深层文化的契合，也是中国融入数字化社会毫无文化冲突的内在原因。

在中国人的合作文化中，已故社会学家费孝通先生说："各美其美，美人之美，美美与共，天下大同。"其实就是数字时代的审美品牌的根本哲学，也是文明、文化、民族、国家和企业层面上的顶级文化哲学。老先生的话语，在今天看来，就是这个新世界运作的基本准则了。

经济的本质在文化，这样长长的逻辑链条，在认知上需要打通。

在文明和文化层面上，数字时代的审美品牌需要自动担负起去殖民化的内核。让非洲文化成为非洲文化,让西方文化成为西方文化,让其产品能够推动本地的经济发展。例如,中国人可以在非洲创立品牌,将非洲的经济以一种异质的品位经济和赏析经济姿态带到中国市场以及全球市场。

数字社会让所有文化和文明都呈现在数字世界里,各自形成自己的审美,并有自己生活方式的话语场。未来的商业,就是在充分认识全球文化差异的基础上,发展出契合审美话语场的新品牌,这是对于品牌文化的一种改变。

数字中国规划和人类命运共同体战略是一体两面的文明型架构战略,是一种"再造自己,再造文明"的内在精神,通过殖民解锁,在数字智能社会中构建一个"美美与共"的经济世界。未来,是中国审美品牌大行其道的时候。

6. 新"世界模型"在智能时代引领中国经济

过去的世界模型,本质上是一种在资本运作下彼此替代的破坏性经济。

那么数字智能时代的"世界模型"会是怎样的呢?按照中国人的想法,一切都在变化中,包括世界本身,资本主导的市场并不是恒定的,尽管未来的市场里依然充斥着国家资本和民间资本,但未来是制造业自动化和智能化的大时代,资本这个完整的体系,正在被重新结构化,或者用数字时代的表达模式来说,资本正在被重新格式化。

在数字时代，消费者主权已经从一种构想变成一种现实，在数字智能社会中，消费者形成了一个完整的社区，个体在消费社区中的涌动形成了一股力量，这就是任正非对于中国未来经济地位的一个预测："中国最大的武器就是13亿人民的消费。"

虽然资本的话语权似乎依然很强大，但这仅仅是历史的惯性和结构变迁的滞后性，事实上，当下供给资本已经越来越受制于消费资本，一个很直观的社会分析，一个产业的供需中，资本本来可以通过大规模的广告诱导行为来吸引消费者群体进场，但在数字时代，消费者群体在社交媒体中可以自己营造消费预期来对抗资本的市场预期，这意味着资本的话语权正在被消费市场逐步解构，也召示了一个新时代的到来。应该说，价值流向已经不是资本说了算，供给侧越来越受制于消费侧。

在这里，我们通过构建新的"世界模型"来对数字中国的未来进行深度描述。在经济体系中，系统持续运作的本质在于分配，毕竟，短缺时代已经过去，分配是维系社会经济平衡的关键环节，至于基于"剩余价值"和"股东受益"的市场运作体系，已越来越多地面对着消费市场结构化、力量化之后的冲击。

现在和未来，生产和制造领域将大量引入自动化制造，人工智能在生产场景中将占据主导地位，机器人和资本结合在一起，会产生"数字智能化剩余价值"，这个新事物碰到的是消费者权力的崛起。消费市场拥有话语权，消费者通过新的经济组织（可能类似DAO组织）来和资本方进行连续谈判，分切机器智能产生的剩余价值。

很多学者将数字中国的未来描述为一个技术更加先进的中国，这是必然的，但不是全面的。我们能够看到的未来，是一个数字孪生世界，现实世界向整个数字世界投射一个镜像，在镜像中的操作又会回到现实，影响着现实社会的运转，这是技术层面的"世界模型"。

我们在观察数字孪生世界的时候，远看是一个整体，如果我们进入这个整体，就会看到无处不在的利益结构。这些数字智能社会下的细微结构，才是真正影响人们生活的东西。也就是说，在消费者主导的时代，消费者也会有一个数字身份，将不再是一个完全被动的消费者，而是一个主动构建的消费者。

"主动构建的消费者"会按照自己的想象力和审美能力主动向智能机器提出自己的需求，并在不断的互动中标明自己作为一个创造者的身份。为了保证这种身份，消费者会要求继续优化经济运作的秩序，这既是一种社会博弈，也是一种身份博弈，而这大概就是数字时代的总逻辑。

中国数字经济的未来，会在数字智能化条件下逐步降低社会治理成本。首先，消费者主权型企业会不断要求企业组织和智能组织进行"系统性让利"来惠及消费者。其次，基于数字智能的透明秩序会规范每一个人的行为，使得任何利益博弈都将不再是单一主体能做主的事情。在数字社会区块链技术不仅可以溯源，还可以进行去中心化监督，因此，数字时代人的行为是有记忆的。

从无记忆的社会，发展到有记忆的社会，每一个人的行为都会被规范的时候，就会形成一个自我负责的机制。在经济领域，这是一种理想的追求，在之前，组织只能使用组织文化和价值观工具，缺少真正的过程监督机制。

从一个社会文化形态转变为另一个文化形态，需要漫长的时间，这就要求我们需要建立一种对陌生人负责的社会经济机制。在本书中，我们可以单独列出一个词组：数字时代的陌生人负责机制。

数字时代的经济文化是基于互联网基本逻辑的新商业文化，带有明显的后结构主义思维特征，即承认经济活动主体的多元性，反对绝对的中心性。互联网的原住民认为组织结构应该是相互关联的网络结构，不是塔型结构。因此，在世界范围内，人们开始怀疑公司制旧结构是否还有能力维系社会公平和经济可持续发展的能力。基于数字化分配制度的大众股份制模式，正在从不现实走向现实。

说到这里，读者可能就明白了，数字中国规划事实上本身就是一种系统性深化改革的战略，之前一些很难被满足的执行过程，现在已经能够通过数字智能社会的基础设施进行解决了。战略是行动的边界，技术系统是战略执行过程的边界。用技术系统构建社会秩序运行的底层系统，是数字社会的基本思维方式。过渡的过程并不完美，社会需要做好忍受系统转变过程中的阵痛，同时，数字智能社会的建设，是一个长久的过程，需要耐心。

价值共创和价值共享是未来经济组织的设计形态，是新的世界模型。从重构生产关系的新结构中，去重新组织社会资源。多元主体的持续互动和数字制度的保障，能够建立起一个运行成本更低的社会形态，而在数字社会中，文化也是多主体共建的。因此，在数字智能时代里，作为多元经济形态的参与者，无论是独立的个体还是组织中的人，都需要成为一个自我学习者，提升自己的审美能力，用审美来驾驭人机结合产生的专业能力，这就是未来的基本生活方式。

第四章
数字中国和社会治理透明化

1. 数字人民币背后的星辰大海

货币是一个政经实体运作的底层系统，一旦货币行为完全变成了一种可溯源数据流，我们就会看到整体的社会变革，这是数字中国规划的基础设施。

很多人以为，数字人民币就是电子支付的一种形式，而忽视了这是社会治理变革的重要战略部署。一开始数字人民币进行试点应用的时候，人们并不知晓，这是人类货币史上的大事。

如果对数字中国规划进行结构化分析，就会发现数字人民币是整个战略的基础工程。从短期来看，数字人民币支付在整个支付体系中所占比例很小，但有生命力的事物，都是从边缘开始而后逐步改变整个体系的进程。因此，货币体系的变革，其实代表一种战略决心，它表示中国将会迎向数字时代的规律，率先建立数字文明体系。数字人民币广泛流通，意味着整个社会都是建立在以区块链支付为基础的体系之上，一切货币流动和资产流动都会变得透明。如果走到这一步，就意味着中国的社会治理结构产生了飞跃，治理水平和治理透明度也得到了提升，一个更有利于价值创造和公平分配的数字制度体系建立了起来。

基础层面的改变，会引起无数的社会联动效应。数字人民币是一种由央行发行的数字货币，基于区块链技术，能够实现快速、便捷、安全的交易。数字人民币的使用将能够支持更广泛的互联网应用和商业模式创新，一些革命性的商业组织和商业模式会在新货币生态的基础上陆续诞生，基于数字人民币的合约支付体系，将为新的分布式商业组织的全球协作提供基础架构。

举例来说，前文中我们一直在探讨中国中小企业在数字化社会中，如何利用数字人民币支付体系进行国际贸易的问题。相较于传统的银行汇款方式，数字人民币支付具有安全、快速和低费用等优势，对于中小企业尤其适用。通过数字人民币支付系统的使用，中小企业能够更轻松地开展国际贸易，以及更好地掌握交易过程中的风险。不要小看中小企业做全球生意的行为，这涉及中国几千万家企业的市场扩张问题。数字人民币可以为中国中小企业战略赋能，每一个中小企业都可以进行全球本地化，找到当地的智能合约伙伴，通过使用数字人民币钱包就可以直接进行贸易，不必再借助全球复杂的结算系统，智能合约是自动执行体系，自带主权国家背书。因此，这是全球开放的基础工程，当中小企业开始在全球组建合作伙伴群体的时候，我们能够看到另外一种全球化协作的场景。

能够在全球范围内组织资源的企业，才能够建立全球竞争力体系。

这种全球化点对点的交易系统，与其说是一项经济系统，不如说是一种社会协作系统，这是改变生产关系的行为。数字人民币具有可回溯、可追踪、高度保密的特性。因此，可以大大减少国内交易和跨境交易的金融诈骗和货品诈骗行为。之前，关于区块链技术的系统未来，吸引了无数的投机者，只有当超大规模的经济体将区块链系统作为经济运行的底盘时，区块链系统才回到了自己应有的本位。据相关资料，中国央行一直积极研究和落实区块链技术系统，并已经成为全球范围内拥有最大知识产权池的组织之一。

在中国国内市场，中国的数字移动支付体系已经建成，目前已经成为全球最大最先进的数字支付网络，因此，在适当的时期内，实现数字人民币的支付体系和移动支付体系的合一，不会遇到更多的文化障碍和制度障碍，两者之间不是替代关系，而是互补关系。

在政策层面，已经实现"数字经济就是实体经济"的战略定义。数字基础设施和数字人民币体系相结合，不仅形成了社会经济系统，也是社会治理系统的底盘，就和国家建设高铁、大飞机体系、宇航工业一样，成为国策下的战略支柱。

比如，全面数字化的电子发票和数字人民币支付体系，大大简化了企业的支付流程。由于全电发票和数字人民币使用的是同样的技术原理，因此，企业交易就建立在系统的大数据监控的基础上，经济决策者可以在实时数据的基础上，对经济运行有一个足够准确的评估。同时，由于数字人民币和全电发票都是底层实名制的，因此，经济决策者既能够在宏观上把控总体经济运行体系，又能够在财务颗粒度上细致评估一个个体的消费和支付行为。

透明的社会治理，就是要从本质上看清社会经济运行的具体行为，从交易发票可以跟踪中国经济的宏微观运行情况，从数字人民币的使用走向可以看到经济运行中是否存在灰色交易。看到全社会运行的现金流，并能够看清编码的货币在经济大环境中的流通节点，这是人类治理体系的革命。

数字人民币作为未来数字中国运行的核心数据池，所有货币的活动行为都会出现在央行的一块巨大的屏幕上，不仅能够让我们看到资金的流向，还能够让我们看到资金和资本的流动表现出的结构性，也知道哪儿有资产梗阻、货币截流、职业腐败、偷税漏税、关联交易、洗钱等问题。超大规模的数字智能化管理，为中国社会的稳定运行提供了坚实的数据基础。

高效的社会治理不必等到问题大面积发生才开始干预，而是让个人和商业企业在平时便能够按照合规的要求进行自我约束。数字经济将是未来中国经济的主要形态，极高效的资金流监测管理制度。可以对任何个人和企业组织提前进行信息预警，这极大地降低了社会治理成本，为中国经济的未来可持续发展提供了坚实的战略底盘。

数字人民币支付体系之下，会有大量的分析服务产生。每一个企业或社会组织，都能够通过回溯交易流程来分析其资金运用的合理性。通过分析服务，能够让企业或社会组织在财经范畴内得到宏微观数据的赋能，从而让企业或社会组织成为聪明的企业或社会组织。

从长期社会治理的结果来看，可以帮助政府和企业建立更加合理的社会分配制度。现在，我们总是将市场经济中那只"看不见的手"作为神圣之物，之前，我们尊重这只"看不见的手"，但是无法看到"这只手"是如何运作的，现在，借助数字智能系统就能够看清楚"这只手"（市场经济）的精细结构。每一个交易流程均可以进行精细回溯，每一笔交易都是基于身份的交易。一旦这样的数字人民币体系全面落地，也就改变了人类的经济史。

2. 基于人工智能算法的程序公正机制

人类几百年的现代化社会治理进程，其上层的治理结构，核心就是股份制和金融交易制度。全球经济体的竞争本质，就是看自己的社会治理系统是否和社会经济现实契合，释放出社会发展潜力，寻求可持续的发展之道。

未来社会治理的深度改革，也将围绕股份制度重构和金融制度重构来推进。

不得不说，两项基础制度都是西方经济的舶来品，只有站在整个大系统面前，在回顾历史和前瞻未来的大视场之下，才能够看到两项核心架构的发展潜力和局限性。数字中国是治理好中国的战略，中国进入数字化时代，通过重构社会治理制度来找到传统和未来的衔接方式。

从历史来看，数字智能社会下的数字中国，会将中国的社会治理历史分成两个阶段，这是千年级的历史变革形态。数字社会的运营基础，在于人类能够将一种合理公平的制度沉积在一种智能程序中，社会治理不再需要无数层级的代理人，而是成为系统构建者，将社会治理的共识沉积下来，变成一种社会的日常。看不见的社会共识会在数字空间里汇聚，令社会治理者转身变成"数字治理人"，这是一种数据主义的治理制度，做到了透明理性，在一定程度上规避了社会治理过程中的"变形"，打破了社会治理的周期。社会治理的核心驱动力是经济体本身的规律和供需驱动，在数字社会，数据能够让"大道无形"变成"大道有形"，消除"寻租"空间，做到在全局数据治理的基础上，真正按市场化机制运营，去直面数字社会带来的问题。

基于人工智能算法的程序公正机制，是人类社会治理史上的新事物，会不会只是一种社会理想？从全球的社会治理经验来看，运行良好的市场化机制能够让社会各主体参与公平竞争，封堵少数特别通道，同时用来分配。在企业层面，制度化分配和利润共享机制需要建立起来，这说起来容易，但要成为复杂社会系统的有效运行机制，却是人类顶级的难事。

成熟的社会运行机制，往往基于深厚的历史惯性，也就是社会治理中的文化环境，脱离文化环境来讲理想的社会治理，都是空中楼阁。程序公正性决策与人类主观判断并存，并非完全代替人类角色，因此需要考虑如何合理分配人机之间的职责。由此，在社会治理层面，引出一个问题：社会治理和国家治理如何引入人工智能？在短期内，智慧城市和智慧乡村的区域发展路径，就是提高一个城市的综合决策水平的过程。这些城市的数据连成一片时，会达到一种意想不到的效果。

对于现在的股份制组织，大部分企业是以"股东利益最大化"为组织存在的目的。参与过企业实践过程的人都知道，事实上用"股东利益最大化"来总结这个系统并不准确，股东利益最大化的潜台词其实是"核心股东利益最大化"，这是股份制组织设计的问题，已经存在数百年了，那么股份制组织的这种核心架构的最大的主体激励性，对于其他参与者利益的受损以及造成的贫富差距问题,就自然而然留给了社会。或者说,这样的组织设计,是以牺牲社会整体利益为代价来激励个体做更多的财富创造活动的。

因此,在数字中国体系下,要建立一种新的事业组织,要依托数字智能化组织优势,建立一种分布式、分享制和股份制结合的新组织。这种率先进行企业制度创新的行为,可能是一种更加具有前瞻性和系统性的社会创新模式。

建立新的事业组织的目的,在于建立一种透明的基于智能合约的协作型组织,其和传统的股份制组织机制不同,可以按照价值贡献进行股份分配,类似"数字智能平台+个体协作者"的关系。

分布式经济组织的产生和发展,需要社会治理层面的政策支持。从战略层面上来讲,企业组织本身解决不了分配公平性的问题,解决问题的钥匙在社会治理层面。基于数字人民币和一系列协作模式构成的新事业组织,其重心在于分配,而不在于让少数人创造更多的财富。一个以分配为核心运作方式的新组织,能够靠智能化制度建设形成一个具备全球竞争力的经济组织。

数字中国规划中的体制创新,需要建立在"全面提升数字中国建设的整体性、系统性、协同性,促进数字经济和实体经济深度融合,以数字化驱动生产生活和治理方式变革"这样的战略层面上。毫无疑问,这是一个系统工程,而推进治理方式的变革,则是其重中之重。其实,以创立"以公平分配为中心"的新治理模式,是面对未来的实践之路。

数字智能化社会需要建立程序公正机制,关于此已经具备技术工具条件。正如传统的复式记账方式作为一个财务组织工具，让全球股份制组织繁荣了几百年一样，一种具有不可篡改特性的分布式记账方式的诞生，意味着超越股份制组织的新结构即将来临，我们不能忽略这一个即将改变历史的变革进程。沉积在算力和算法层面的内在公平性和分布式账本，可能就是我们需要寻找的改变历史的力量。

3. 应对数字社会治理中的安全挑战

在数字中国的规划当中，将数字经济作为未来经济发展的主引擎，在经济形式上确认了数字经济和实体经济的融合型经济，通过数字系统，重构中国社会治理的神经系统。《数字中国建设整体布局规划》提出，要形成"横向打通、纵向贯通、协调有力的一体化推进格局"，事实上，中国经济需要在此战略之上形成一个完整的社会经济生态。

完整的社会经济生态，需要全局性全社会性的数据感知能力，一项政策落地，其产生的社会连带效应或连带后果是什么，需要在数据智能的监测之下显示出来。数字智能经济的好处在于可以溯源，一项政策出台，其背后的推动者是谁，能够记录在数字体系中，可以进行动机分析。

整个社会治理的数字化，在客观上，就是将整个经济体和社会治理当成一个完整的组织去运作，充分显示数字时代"虚拟使能、无限收敛和智能即时性"的技术特质。对于个别企业而言，管理者可以靠生意直觉来做事；但对于整个超大经济体而言，则需要建立起在数据这个关键要素驱动下的智能化国家。社会治理的数字化，已经让数据要素变成了一个通用的关键生产要素，并渗透到了经济活动和社会治理的每一个层面。一个不产生有效数据的活动，说明其数据要素的积累性没有被表现出来，这就意味着其在数字智能时代可能是一种不合适的活动。

在数字社会中，数字要素是主导性要素，因此需要被当作一项资产严格保护起来。而要保护好这项资产，就需要建立起完善的知识产权法律保护体系。

确立数据要素的游戏规则，是极其重要的事情，面对未来，需要为数据要素立法，并建立一套可供执行的基础制度。

借助欧美数字化进程中的一些经验和教训，为我国数字社会下数据要素建立起明确的确权边界。欧盟注重数据平权，近乎绝对式的严厉和重罚式的个人数据确权体系，善意明显，但在客观上也阻碍了数字化企业的全球竞争能力。美国数字精英和巨头则通过影响立法（但其国会和国家部门要保持国家的跨边界情报能力），回避了数据所有权的关键问题，数字经济繁荣，规则较少，但在确权因素领域还处于争议状态。中国则需要走中间道路，比如，开放政府数据，匿名化处理后的个人数据可以被企业使用，从而促进数据的开发和使用，这是适合亚洲国家的一些数字化战略。

中国已经建立了相对完备的数据安全、个人隐私和价值型数据的保护机制和立法体系。比如，民法典、数据安全法、个人信息保护法、网络安全法等。另外，国家还针对一些具体的数据监管场景，出台了相关法规条例：《网络安全审查办法》《数据出境安全评估办法》等。这些法律和规定的出台，既保留了互联网企业的生长空间，也规范了大平台垄断打压同行、滥用算法侵犯隐私、损害消费者利益等扰乱互联网秩序的行为。

监管是为了更好地发展，因此建立社会安全的边界才是更重要的事情。社会治理的顶层核心战略框架存在的目的，就是最终能够让企业受益，让整个社会受益。达到保持整个社会价值最大化的多元平衡进程的状态。当社会财富分割能力极大失衡时，再去进行平衡性干预就已经晚矣。因此，我们需要对数字中国下我国社会结构的演化趋势有提前干预的能力，而不必等到美国数字经济和金融资本相结合，实际上，美国经济和其社会治理的新结构垄断性已经形成，很难再做结构性调整。

数字社会的大趋势已经清晰可见，数据要素成为或即将成为国家命脉，事实上，互联网数据平台拥有覆盖整个经济体的数据收集和应用能力，其企业架构本身，已经具备社会治理的能力。在过去20年中，一些互联网的交易规则，为中国经济社会的信用体系建设作出了巨大的贡献，其所建立的标准的交易规则和支付体系，事实上已经成为全球数字交易的标准。

这些数字化平台企业已经是社会化企业了，其一举一动事实上已经在影响着社会的运转，因此，不能用"巨型企业"这样的概念来看待这些企业，从数字社会基础设施这样的新视角来看待这些企业更为合适。因此，对于数字化平台企业，其在运营的时候需要考虑到"股东价值最大化"和"社会责任"之间的平衡，当企业很小的时候，社会责任就是做好自己，当企业能够左右几亿人的生活方式的时候，其社会责任就应该成为其价值重心了。

"软件正在吞噬世界。"这是对于数字社会的一句总体描述。可以这么说，现如今，我们已经进入了数据、算法和算力的时代，数据、算法和算力已经成为这个时代最强大的生产力。

大型数字化企业平台把握着社会的关键资源，一旦产生"算法寻租"，即利用其数据优势，通过对算法的运用来获得垄断地位和更高的利润，那么就会在一定程度上导致市场失衡，对消费者和小型企业造成不利影响。尽管这样的案例在中国并没有发生，但在社会治理层面，确实需要有一种更加主动的协商机制，去解决数字社会中关键资源的使用流程问题。

因此，对于我们来说，对数字经济市场进行干预是必需的。创造一个公平合理的机制，为所有市场主体建立合理规则，对整个数字经济的可持续发展来说是非常重要的布局，非常有利于数字经济的未来发展。

社会化企业是巨大的产业生态圈，和政府的社会治理在一定程度上需要成为一种"共识执行者"的关系。在企业层面上，并不能通过放任行为实现"自律"，而需要确立自己的商业行为边界，强化公共管理的角色，不能再将自己看成一个以股东价值为唯一准绳的企业组织。

对于数字智能技术的未来，已经引起了很多社会观察者的担忧，比如无处不在的监控行为对于普通人生活的侵袭，等等。因此，在数字智能社会里，应该建立一种数字共识，确认数字边界。1930年，针对美国大萧条，凯恩斯说："我们正在感染一种新的疾病，那就是技术性失业。"所谓"技术性失业"，本质上就是社会资源没有平衡好，形成了结构性的矛盾，对此，需要通过时间来消解，用新就业机会替代旧的工作，形成有序的替代周期。

数字社会的"安全"是一个综合概念，如何处理好人工智能和人之间的关系，沉入代码层的监管和原则？一方面要鼓励企业家精神，另一方面也需要有效遏制企业的垄断性自利行为。程序公正机制的形成需要有相应的监管机制来保驾护航，避免算法被滥用或误用，避免对个人隐私造成不必要的侵犯。

4. 数字社会治理中的隐私和安全问题

数字社会治理中存在的隐私和安全问题非常复杂且敏感，需要政府、企业和公民共同努力，建立起一个健康、稳定、可持续的数字社会空间。数字中国规划关于社会发展模式的转型，对于每一个人都是一场观念冲击，原来那些不值钱的数据资产，现在却变成了交易中的核心资产，由于思维的惯性，大部分人和企业组织对资产构成的认识都还停留在实体资产层面，以致未及时建立起防止数字资产流失的财务系统。

在个人和企业层面，凡是没有精确计算的资产，都是被忽略的资产。在实际中，由于观念上的不重视，很多企业在进行平台合作的过程中，为了自己的暂时方便，就将企业的所有运营数据放置到平台上，让平台成为商业信息事实上的收集和积累者。这些企业没有意识到，这是严重的资产流失行为，但可悲的是，这又是一个普遍存在的问题。一个没有自己的数字工作台的企业，在未来的某一天，肯定会面对自己的被动局面，而这个被动局面意味着企业根本就没有应对不确定性的能力。

企业在经营，但对企业的发展至关重要的数据却没有掌握在自己的手里，它们有可能变成一种数字商品进入竞争对手的视野。因此，如何规范大数据企业、网络平台合法、合规地使用这些从千万个企业中收集来的数据，保护这些数据的隐私和安全性，已经成为数字社会治理中的一个十分重要的问题，也是一个时代的共同问题。

20年前，在信息社会的开端，人们都在讨论"数字鸿沟"的问题，担心企业失去了网络影响力，失去了和用户互动的能力，会被淘汰；今天，人们在讨论"数据鸿沟"的问题，企业和所有的组织形态，包括政府，都会担心，一旦失去了数据，自己的管理方式就会变得落伍，事实上，今天政府、事业组织和企业遇到的问题是迅速叠加在一起的，"数字鸿沟"和"智能鸿沟"叠加在一起，对于管理者形成了强大的压迫感。

其实，数字治理，需要企业像对待购置厂房、购买设备一样重视，而不是只在表面上喊口号，实际上却什么也没有做。这是笔者在和很多企业家研讨的时候发现的真实情况。事实上，很多企业在经营过程中已经遇到了网络诈骗问题，企业决策者的人脸数据、指纹数据、平台账号和财务账号等一连串的核心数据已经泄露，诈骗者在理解运营系统的情况下，在了解企业内部决策程序的基础上，完成了网络诈骗行为。

在今天，网络高科技犯罪已经是一个离每个人都很近的事实了。这对于政府的社会治理提出了极大的技术挑战，这种挑战意味着政府本身需要进行数字化和智能化转型，建立学习型政府，而政府的公务人员则需要转型为数字智能化专家和全局信息的把握者。数字社会下,数字治理能力跟不上,数据安全、隐私保护这样的社会问题就解决不了。

在数字中国的战略框架下,全球治理、国家治理、社会治理、电子政务、数字政府等都是数字技术系统和公共管理的多专业叠加融合关系,这对于传统的治理体系提出了巨大的挑战,知识型政府治理已经被提升上了战略层面。对于政府来说,若要保持其引领发展的先锋性,就需要纳入大量数字化人才进行日常管理。

数字化社会治理模式和传统社会治理模式有着本质的不同,表现在数字时代的时间感和治理都是实时的。实时的管理文化和科层制体系之间有着一种内在矛盾,如何处理好新旧系统的兼容问题,是一个重大的时代挑战,不仅对于中国是如此,对于全球任何一个治理体系都是如此。不同组织文化在数字组织逻辑面前,都要面临一场自我革命。

数字中国规划,只是一个大时代的开启进程,数字文化渗透进社会的每一个角落,需要时间来慢慢显出变化。现在,国家在数字治理层面上已经触及了发展目标,并且有了具体的目标考核体系,这就将"产品生产"和"数据生产"当成了一个同等重要的事情。中国社会如何组织好数据生产和保护的问题,就成为社会治理的核心问题之一。

因此,政府和媒体应该加强对公众的宣传和教育,提升公众的个人信息安全保护意识,培养一个有高度隐私意识的数字社会环境。数据生产要从每个人抓起,并进行一场覆盖全社会的数字资产教育,让人们认识到数据的价值。

越来越多的人开始在网络上留下个人信息,这些个人信息包括但不限于姓名、地址、电话号码、身份证号等。而这些个人信息的泄露很容易带来极大的风险和危害，如身份盗窃、金融欺诈等。因此，保护个人信息安全已经成为一个非常重要的问题。这也是一个契机，通过"保护好个人信息，防止泄露"的方式来进行数字社会资产价值观的传播。

在数字经济时代，数字资产已经成为企业和个人最重要的财富之一。全球的主导性金融资产估值平台都在改变认知形态，将数字资产作为主导性的价值标的。为此，我们需要确立一种社会共识，即所有数字资产的价值和重要性，这样才能促使人们认真对待数字资产的管理和保护，防止因为忽视数字资产的管理和保护而出现损失和风险。同时，还需要普及相关知识，提高公众对数字资产的安全意识和认知水平。

数字资产和实体资产有很大不同。数字资产的损失本质上是找不回来的，因为数字资产可以轻易地被复制或者转移。这就需要数字资产拥有者在源头上建立自我管理的机制，通过采取技术手段和加密措施，确保数字资产的安全性和完整性。

对于数字化组织而言，其运作的主要核心资源依赖数据系统，因此，数字资产拥有者还需要定期备份数据，以便在出现数据丢失、损毁或被攻击时能够快速恢复。这是数字化组织稳定运行的基本保障形式。

政府和媒体作为引导公众意识的主流机构，在保护个人信息方面扮演着至关重要的角色。政府应该加强对网络安全法规的制定和执行力度，并严厉打击违法犯罪行为。同时，政府还应该加大对个人信息保护意识的宣传和教育力度，让更多的人认识到信息泄露的危害，从而更好地保护自己的个人隐私。

事实上，一些案例的传播工作已经显现了成果。比如，在个案管理的过程中，受骗者和警察现场对峙，警察苦口劝说受骗者不要上当，这样的对话视频传播到互联网上，起到了很好的教育、警示作用。这表明我们应该倡导一种有高度隐私意识的数字社会环境，以防止因个人信息泄露而带来的财产等损失。

5. 黑箱在透明化社会面前会逐步消解

消除"寻租"空间，是权力制度设计的重心所在，但也是社会治理的难点。因为"寻租"行为，社会治理系统被逐步腐蚀，导致社会结构失衡，形成社会动荡周期，以致制度观察者用悲观的态度来看待人性的弱点，认为一些人在权力分配中获取个人利益的机会和空间，是无法治理的问题。

数字化治理的内核，就是建立系统的数字引擎，一切活动都是数字化活动，系统行为就是数据行为，庞大的数据系统相互关联，具备不可篡改性。这是未来新的组织治理的基础。在管理史上，这是一个了不起的进步，也意味着一种"透明系统"设计时代的到来。

市场对区块链技术系统的喧嚣已经过去，现在区块链技术已经开始渗透进下一代互联网的内核中。区块链技术是一种进入人性层的社会性技术，到目前为止，投机主义者逐步散场，技术实现静水流深，进入社会治理的底层，成为数字社会制度设计的基础技术要素。

这对于大型平台经济来说，已经开始进入了系统制度设计的代码层。在互联网繁荣的早期，我们看到了一些平台型企业的职业腐败现象：在杭州的周末，高档餐厅爆满，拥有网络流量的平台员工和企业一些人员进行资源勾兑，进行典型的"职业寻租行为"。而现在，由于新制度和区块链技术进入代码层，每一个员工的行为都可以进行数据追溯，这种"流量代理人"的中介角色已难以存在；同时，平台和企业的反腐部门也配合公安机关，对内部不法员工的腐败行为进行处理，不仅使他们受到了法律的惩罚，也从根源上逐步消除了"职业寻租行为"。

由此可见，建立完善的系统制度也是对企业和平台员工的保护，人在利益诱惑面前，很难长期保持坚定的自律行为。用数字化技术来完善平台制度，发现黑箱，就需要用透明化制度将之从私人领域放置到整个显化的流程中。因此，在企业治理层面，一些先进网络平台，现在职业腐败行为已经得到了有效的遏制。

大数据、人工智能和区块链技术的融合，事实上就是一种为分布式组织协作而准备的体制，其组织设计的核心思想，是让人在全球的任何一个角落里完成一个项目的协同性工作。事实上，未来企业组织管理的战略框架和治理结构一定来自这个领域，其分配和激励机制是透明的，中间没有权力代理人角色带来的扭曲。

事实上，基于摄像头下的政府窗口服务，其实就是在解决问题。可以利用人工智能对这种服务所产生的数据分析，从而了解其服务能力和服务水平。而现在，可以进行全数字服务的领域，已经都在尝试进行全数字服务。对于一般的问题，可以利用由人工智能和区块链技术组成的的服务体系进行自动服务，在这个过程中，人面对的是一个没有情绪的系统。对于特殊问题，虽然需要窗口人员的面对面服务，但服务所产生的行为和数据同样能够进行数字化，然后变成智能化程序。总之，最终目的是让线下的每一个服务者都变成数据生产者。汇集数据，打造一个智慧政府，然后以数字化方式来进行系统迭代，这就是数字时代的社会治理。

当一个社会真正进入数字化治理时代，透明就是高效。一个系统透明化之后，谁在充当引擎，谁在充当阻力，都能够看得很清楚。政策出台的过程可以溯源，经济活动可以溯源。

我们在关注建设数字引擎的时候，往往会忽略数字引擎的另一面，它是一个透明引擎，这样的引擎带有自检程序，能够在海量的数据比对中发现问题的蛛丝马迹。这种回溯机制，对于社会治理有着莫大的价值，这意味着黑箱的可能性已经消失，取而代之的是一条明线。整个数据系统是有记忆的，一个完善的制度能够有效地屏蔽人性中的利益诱惑，使从业人员始终保持着应有的自律行为。更直白的说法，这也是在尊重人性的情况下做出的一个新的社会治理机制。

在数字引擎的驱动下，政策制定、决策执行、监管管理等各个环节都可以更加高效、精准和科学地实现，人为扭曲的因素会越来越少，从而有助于政府和各种组织更好地了解公众需求和意见，达到更好地满足公众的利益和需求的目的。

6. 对未来数字社会治理的展望

勇于创造一种新机制，是社会治理变革的底层逻辑。机制是新大陆，在上面会出现新的人类组织形式，比如一种基于以智能合约为基础的分享型企业形态，这就是一个典型的数字治理组织形态。现在，整个社会的组织形态中典型的带有数字治理基因的企业和其他组织数量还在少数。

数字化系统其实只是一个技术工具系统，是否被应用还取决于人，因此，对于数字社会演化的历史进程，我们还需要有足够的耐心。从现实来讲，支撑组织数字化的所有技术现在都已经具备，但打造数字驱动的组织决策，却还需要打造一套适应数字组织的文化体系，而这是一件相对较难完成的事情。

每一个时代都会沉积下来很多牢固的观念和行为系统，这类似普通纸币向数字人民币的转换，这种转变过程，可能需要一代人的时间。而在转换的过程中，会经历几个重要的过渡阶段，而后逐步靠近数字中国数字治理的战略目标。

美国人虽然提出了元宇宙的构想，但在美国并没有引起很大的社会反响。倒是在中国，技术观察家意识到了元宇宙是一个数字智能社会的总概念，是将人类所有的数字技术体系集成到一个概念世界里，由此让其在中国大行其道。中国人对于技术大融合概念很敏感，对于数字世界的"大一统"概念，中国项目比美国要多，应用也更加广泛。

我们认为，元宇宙概念，内含了一个社会治理和数字世界的战略问题，可以实现用实时映射的数字孪生世界来影响现实世界的运作，完成数字化系统和治理系统的趋势大融合。

事实上，理解元宇宙的人，会认为它是一个由实向虚的数字化进程，但对照数字中国规划，可以发现中国的数字化战略事实上是一个完整的循环，这符合中国人的思维习惯。数字中国的"由实向虚，由虚向实"的一对统一的系统，是一个相互优化迭代的治理系统。

基于当下的现实，虽然说信息技术在表面上渗透进了每一个社会角落，但数字治理作为一个先进的治理模式，面临的现实问题，就是数字碎片化、数字割据、"信息孤岛"等一系列问题，尽管社会治理有很多种方式，但从总的社会成本来说，数字治理系统一旦建成，就是一个完整的聚合型的知识系统，整个社会都会进入知识治理的范畴。

对于中国社会数字治理的未来，短期我们可能需要解决的问题，就是"畅通数据资源大循环。构建国家数据管理体制机制，健全各级数据统筹管理机构"。将所有的信息和数据汇集起来，有效流动起来是最紧迫的任务。聚合的过程，当然用市场的方式进行，用市场来构建中国数据资源库。原因在于，中国社会活动，每一时、每一刻都在产生新的数据，这是一个影响全社会的巨大数据流不断生成、不断使用、不断反馈、不断优化的演进进程。

市场经济下，交易就是根本，比交易更基础的工作，是为数据资产作贡献的人和组织能够得到回报与持续收益实现这个目标，需要先解决确权问题。《数字中国建设整体布局规划》中写道："释放商业数据价值潜能，加快建立数据产权制度，开展数据资产计价研究，建立数据要素按价值贡献参与分配机制。"市场的力量是真正的推动力，有主的资产才可以参与交易，因此数据资产的确权成为其中的核心任务。

前文我们已经说过，数字资产具有无限复制性。因此，每一个数字资产主体都需要通过确权的方式来保证自己数字资产的安全性，不让其沦为共享性的公共知识。同时，对于数字资产的使用。需要进行合理的收益分配。在数字资产交易的过程中，需要建立系统性的数字交易平台，追踪每一笔数字交易，回溯每一份资产的交易过程，并通过智能合约进行结算。对于数字资产而言，安全和分配是核心逻辑。

在数字中国规划中，安全是一项系统工程，人类大部分法律体系都是管理实体资产的，对于数字资产的管理体系，到目前为止，还处于探索之中，需要在实践中不断进行完善。分散性的数字资产平台无法进行统一监管，数字世界的经济，有一种内在力量要求完成交易规则的统一，多元的数字资产交易平台并不利于完整的知识产权的保护。因此，笔者认为，在未来的数字资产的交易过程中，中国将率先建立以数字人民币支撑、以全电发票为基础的统一的交易平台。

数字人民币锚定数字资产，是目前能够看到的最大的以区块链为基础的系统工程，没有强有力的国家金融战略底盘，这件事情的实施很难获得最大的共识。从国家战略层面来讲，谁能够将数字资产金融和估值系统作好，谁就能够获得面对未来的战略优势。在全球率先建立数据资产和数字资产交易平台，其过程类似美元在20世纪70年代对石油交易进行锚定的战略构想。货币之间的竞争，排除干扰因素，本质上都是货币锚定的战略资产之间的竞争。因此，数字中国规划思考的框架，并非停留在技术导向上，而是体现在整个社会发展的国家战略层面上，需要从底层数字治理的视角重新看到数字人民币和数字资产的战略结合，进而在此基础上构建新的发展理论框架。

在未来的经济战略中，基于大众必需品的基本需求产业品类，如食品、药品、房产等领域，将会随着数字智能化工业系统的逐步完善，实现一定程度的去资本化，这是建立稳定社会的基础架构。而在数字领域，则是一个加速资本化的过程。知识生产和审美生产带来的体验性、再创造性资产，可以促使社会建立新的估值模型在金融市场进行定价交易。

"加速资本化"和"去资本化"在同一个时代里发生，敏感的企业需要依据趋势来采取行动。

我们的时代是一个主导性战略资产换码的历史进程，现在看来，基于知识创造和审美创造的资产，将造就一个以满足人类精神需求为中心的新生产体系。人类的经济，终归是一个游戏场域，什么资产值钱，什么资产不值钱，事实上，都是基于人的认知共识。资产共识围绕着当下和未来的生活方式构建，响应了生活者的具体需求，这是最大的趋势。

数字资产交易必须是全球治理体系，需要建立新的发展理论。到目前为止，在中国的国家发展学说中，关于知识生成的数字资产和审美生成的数字资产领域，还需要更加深入的理论研究，需要和数字人民币的全球化进程进行战略协同。

数字人民币的中心化结构和区块链智能合约形成的去中心化结构，在国家战略层面是可以完成结构性统一的，一个是国家利益和安全的视角，一个是创造价值和创造市场的视角，两者是一种平衡的关系。基于货币流动的国家治理体系，可以进行精细的宏观和微观管理，表现在：其无论是在数据的融合共享方面，还是对于宏观经济的预警，或者对突发性公共事件的处理，都是准确而有效的。

第五章
审美领导力推动社会变革

1. 数字组织中的审美领导力

国家治理一般指的是政府对于国家的治理行为的总和；社会治理是更加多元的社会综合治理体系，包括权力和非权力因素，也包括文化和其他因素。当然，这些战略治理领域，经济始终是关键领域，是整个社会关系的一种集中呈现。

在数字社会，有一种数字伦理，就是让每一个人在数字空间里都有发声的能力。但在总体上，这就构成了数字社会碎片化的主导性特征，除了资本话语和货币表达，社会很难在观念层面建立一种全社会的共识。而共识又是社会运作的价值认知底盘，没有共同认知底盘，社会很容易在争论中走向价值分裂。

宏观上的国家治理，中观层面上的产业治理，微观层面的平台治理、企业治理、社区治理，家庭和谐环境营造，这些不同层次的治理体系，构成了社会运作的总秩序。

政府治理其实只是社会治理的一小部分，社会自治和企业依照市场规则进行的市场化协作与竞争才是社会运作的主要部分。数字治理同样也有自己的治理边界，一旦进入了本不该管的领域，可能会产生意想不到的社会后果。而用生态思维和生态审美来看待数字化条件下的新经济，观念就会不同。

生态型审美拥有一种包容性、多元性、多层次性、协作性的特质，因此，未来的社会组织形态，需要这样的一种价值观来支撑。保持对于"多物种社会"的敏感性，在同一个生态里，物种越多，这种生态往往就拥有更强大的生命力。这是数字社会中的领导者观念，一个健康的社会，往往都是多物种共生的机制。

未来，所有参与社会治理的组织都要变成数字组织。数字组织是以数字技术为基础，将组织各个方面的信息、数据、流程等全部数字化。数字组织和传统组织相比，具备高度的敏感性。四面八方蜂拥而来的信息，刺激着组织领导者采取应对未来挑战的行动。

正如阿里巴巴曾鸣所说："数字智能时代的组织，需要一年变革两次，一次自上而下，一次自下而上，这样的变革节奏，才能够保证组织治理不落伍。"

面对如此复杂不确定的局面，能够在不同的技术池里找到资源，将资源集成起来，需要什么样的能力？毫无疑问是多场景审美能力。为何审美是数字社会中新型组织的核心能力呢？把一件事情做得很美，这是数字时代的自觉追求，也是一种高要求。

数字时代的社会治理是透明化的，人工智能具有瞬间穷尽的特点，因此投机、造假和欺骗都会留下记录。可见，时代留给"黑箱"和谋略的空间已经不多了，所有人、所有组织都要学会在完全透明的环境下创造价值。尤其，透明化环境下意味着组织和企业的领导者需要考虑在台面上做事，并将事情做好看。

数字社会治理带来的挤压效应，意味着每一种组织行为都会进入一种审美竞赛，这虽然是一个新事物，但在市场竞争中，获得溢价的企业已经感受到了这种力量的存在。而在未来，美是一种普遍存在于人们生活中的价值观，是一种更高的精神追求，代表着优秀、完美、和谐等，正是这些特征使得美成为许多企业、组织所崇尚的目标。在实际运营中，企业组织需要通过不断地提升自身的品质和形象，树立品牌口碑和影响力，以吸引更多的客户、员工和投资者，从而实现长期稳定的发展。

詹姆斯·马奇作为管理学者，在谈及卓越的价值观与追求美的活动的关系时表示，一个追求美的组织绝不会作出"下作"的事情来。组织追求卓越的价值观和自我认知，就不会允许组织中的人作出突破良知下限的事情。可见，美不美需要成为机制最底层的价值衡量系统。

组织追求美的目标是对企业价值观的重构。美不仅是一个外在的存在，也是组织内部价值观的体现。通过建立美的价值观，组织可以不断地凝聚员工和团队的共识与向心力，在团队中形成稳定的规则和行为模式，从而提高企业绩效和竞争力，同时也能够促进员工的个人成长和企业文化的发展。

数字组织中的审美领导力，可以体现在任何领域，比如天宫空间站和国际空间站的对比，我们看到，天宫空间站内部的陈设设计简洁而美观，充满了秩序感和节奏感，而国际空间站内部布局则乱作一团，这种看似不经意的观察，事实上已经说明了中国宇航工业的一流审美水平了。

中国的航天工程系统，是数字化最彻底的领域之一，一切流程均实现了数据驱动，作出了很多超越性的科技成果。事实上，新一代的工程领导者不仅具备出色的技术能力，也能够将出色的工业审美能力带到整个流程中。设计革命和技术革命是相互促进的系统工程，出色的工程审美能力是一种值得中国制造欣慰的新能力，现在很多人还感受不到这种出色审美能力的威力，相信经过一代人的时间，我们就能够感受到中国在科技和审美领域的双重创新力了。

我们总是小瞧了审美能力，觉得这是一种边缘能力，事实上，数字时代，需要更加强大的界面设计能力。一个明显的例子，当整个工业设计流程数字化之后，中国电动汽车在全球街头都有着很高的回头率，同样的事情，会发生在中国所有的产品领域。事实上，审美是一种无声的语言，两个、三个摆在一起，总有一个最美的在未来的竞争中胜出。

审美领导力是将所有知识长链贯通的标志性工程能力，因此被视为数字时代的关键能力。世界制造业即将进入审美时代，虚拟空间也一样进入审美时代，组织追求美的目标是基于对高质量生活、团队合作及企业价值等方面的考虑而提出来的。这能够帮助企业树立正确的价值导向和目标，促进企业的可持续发展。同时，这也是一种引导组织创新、发掘潜力和推动行业变革的理念，可以帮助企业在激烈的市场竞争中脱颖而出。

审美领导力不仅是企业组织的核心议题，也是整个社会治理的核心议题。在今天看来，这样的论点似乎不切实际，但这是对于技术世界迅速进步的一种平衡机制。要知道，越多的技术就需要越多的人文，否则，人就会在技术的丛林里失落。

数字智能时代，透明管理和透明社会的到来，作恶会被记账，因此，社会总体是向善的。数据环境逼迫人走正道，体验美的感受、美的秩序。

审美力成为多元时代的内在文化共识，这是规则带来的副产品，但可能也是社会治理的福气。技术和审美的结合，正在重塑组织文化。社会组织包括政府、事业组织和企业等，其价值体现在对于外部的贡献上，因此可以被精准衡量出来。在对外贡献的过程中，组织需要根据美的标准重新审视自身的产品或者公共产品、服务和管理模式，不断进行优化和升级，来满足客户和员工日益增长的需求。

2. 从创意经济到创意社会

我们讨论谁是世界下一个科学中心的时候，不妨讨论一下谁是世界上下一个审美中心的问题。如果说科学中心是一种含有指标可量化的衡量体系，"世界审美中心"则是笔者提供的一个概念靶子，事实上真正产生一种类似"心灵万有引力"的衍生概念，拥有优势文化的经济体和社会组织，会在人类的综合竞争体系下显示出经久不衰的文化魅力。

现在谁是世界审美中心呢？对此我们有一个简单的指标，在数字社会中，谁提供的产品有溢价能力，谁就能够通过提价占据审美优势。对于这个问题，肯定有技术主义者强调技术是主导因素，但技术是不能直接满足需求的，它只有和审美文化格调相融合，通过产品这个载体，才能达到满足需求的目的。文化创意和功能创意的结合，是未来经济的一种发展方向，这种思维方式，也会影响到整个社会治理体系的改变。以建产业生态和审美生态的发心做事，会有更好的结果。

审美是一种社会共鸣体系，创意者并不是独立的艺术家；审美也不是后现代不再区分美丑的自我表达，而是一种公共表达，世界审美中心往往就是世界级的观念生产中心。而所谓意识形态，本质上都是一个个单独的价值审美和生活审美连接在一起的观念群。

就如科幻是观念密集型文学形式，在欧洲被当成边缘文学，但在美国却能够成为主流应用文体，美国人不再将科幻文学作为消遣文化产品，而是当作国家科技审美和文化输出的战略产品。能够持续输出科技文化和观念创新的地方，才能始终占据世界科学中心的地位，打破世界科学中心半个世纪一转移的周期。这至少体现了一个事实：科学中心和科学审美中心是重叠关系。每一种繁荣的背后，事实上都是文化审美在提供代际接力的人才和心灵能力。

数字中国规划下，将数字经济作为中国未来发展的主引擎，其背后的洞察是深刻而具备大图景思维的。数字社会和智能社会叠加起来，整个社会经济都会改变节奏，这种节奏，要求人有快速的选择能力。在当下的中国，人工智能的飞速发展，让整个社会迎来了一种从产品过剩到创意过剩的时代。

在我们看来，今天的中国经济正在完成好几个叠加式的飞跃，从一般工业经济向智能制造的飞跃，从智造经济向审美经济的飞跃，从服务业向精神服务业的飞跃，这些经济的共同底座就是数字智能化，它提供了多种飞跃的现实可能性。

未来的任何工人，包括公务人员，都必须学习人与智能结合的工作场景,做到在工作中充满创意。这是一个新事物不断涌现和跳变的时代,人工智能能够在瞬间为我们提供十几种方案,要求我们用最短的时间将其中的最佳方案选取出来。因此,在使用智能工具的过程中,我们最重要的能力是选择能力当下,或许我们感受不到人工智能体系给我们带来的影响,但这个领域是跳变的、非线性的,对我们的影响早已无处不在。因此,我们需要在和人工智能协作时,保持足够的开放性,以让我们从创意稀缺的现实过渡到创意过剩的时代,完成从创意经济到创意社会的转变。

之前,创意经济在整个社会经济中占据的比例一般不超过15%,但随着中美这样的大经济体率先进入"人机协作时代",创意经济的比例在不断提升。几乎所有人都从劳动者的角色转变为了知识工作者,同时也以更快的速度转变为创意工作者,这使得基于审美选择的能力体系正在成为经济的核心领域。

中国正在加速进入数字社会,在未来的知识技能领域,作为经济人,很多人的人生可能都会有好几次推倒重来的机会,但有一项能力是可以迁移并贯穿工作过程的始终的,这就是数字时代的工程审美能力,哪怕是做电信设备、船舶和工程汽车,也都需要具备相应的审美能力。

之前,我们追求的是一种知识卓越和智能卓越的体系,认为做一个卓越的人,是一种生存底线。但当下的时代,人工智能已经越过了人们的预期,表现为一种推理和创意的能力,"普遍卓越"正在成为一种日常工作方式。

创意在每一天都会大量涌现。在数字社会,人工智能会生成大量的创意呈现在创意工作者面前,这些创意工作者只需要挑选和分清哪些创意可以整合到自己的产品和服务网络中即可，而不必再闭门自己创想，这大概就是未来十年的工作方式。2030年，这种人机协同的创意社会就会如期到来。

创意经济原来只是文创经济的一部分，现在却变成了全社会的经济形态，其背后的逻辑也已经很简单了，标准化工作已经被人工智能做了，人的价值要体现在更好的方案选择上。比如，一个公务人员在和政务人工智能进行深度交流之后，在某一个工业区里拿出了非常好的创意方案，这算不算创意经济呢？整个社会从以传统产业为主导的经济模式向着更加注重创意和知识产权的经济模式转变。在这种新型经济模式下，人们将更加注重创意的贡献和价值。随着技术的发展和人类文明的进步，我们也将享受到更多由创意带来的福利。

在创意经济、创意社会中，人类也面临着新的挑战，其中包括如何更好地保护知识产权，如何在面对越来越自动化的生产工艺时保证人类的就业和收入水平等问题。这些问题需要我们认真思考和应对。

3. 数字化教育和审美教育的未来

在数字中国的规划中，我们看到了对于复合型人才的期待，同时也看到了对于主动学习者和终身学习群体的期待。工业时代我们强调I型人才，需要极其专一的技术和技能型专才。而随着产业链的延伸，每一个企业组织和社会组织都变成了综合的生态体系，社会就强调要培养更多的T型人才，以能够将自己的专业知识运用到全生态链和全产业链中去。这样的人才结构，在现在的一些大企业的团队中刚好都是适用的角色。

比如，中国在新能源电池储能领域，就需要大量的T型领导者。这个行业不是面对一个应用产业，而是面对无数个产业和无数个场景。因此是一个技术复用、场景多元的行业，此时领导者的能力，就是要理解不同场景中的人是如何生活的。对于一个产业领导者来说，理解很多种生活方式，是一种核心能力。一个企业领导者需要穿透所有社会阶层，看到所有人的生活方式和各自的痛点，如此才能够设计出更好的商业模式，来满足数字社会中的新需求。

过去的组织管理学，强调人才既要懂流程，又要懂江湖。而现在和未来，江湖已经不存在了，被数字流程和可记录的数据替代了。因此未来的管理，需要的是既懂流程又懂审美的人才。由于数字社会对于人才的能力结构产生了巨大的影响，因此，在数字中国的未来，中国的教育系统也会发生巨大的结构性改变。

当然，对于中小学系统，在可预计的未来，学校会采用大量新的教学范式，引入数字社会和智能社会的实训课程，让学生适应新的学习方式，了解数字社会的一般秩序，并学会在数字社会中如何创造价值。

不过，数字社会的课程体系进入课堂，并形成考试体系，是一种适应性构建。在未来，和现在学校系统重技术技能方向的思维方式不同，学校教育会逐步引入更多的体悟性能力。如在探索和创造力领域，特别是审美领域，教育系统和学校会前瞻性地引入审美鉴赏课程，以培养学生的一种模糊能力，让学生能够从人文秩序和美学执行这种模糊概念中分辨出一种叫格调的东西。这种模糊的表达体系，就像一位鉴赏家鉴赏一件宝物那样。

在现实的工作中，中国已经有一些提示词工程师在企业内展开高效工作了。在工程设计、美术设计和软件编程领域，人工智能系统已经能够瞬间生成大量的备选方案，而挑选出好方案的能力，显示了一个人的工作能力，这种能力现在叫"提示词工程师"能力。已经有数字平台的研究机构预测，在未来的工作中，"提示词工程师"的数量可能会达到职业岗位人员数量的一半。以"鉴赏者"姿态从事工作，可能就是下一代人的工作方式。在这个方面，既是学校教育的难点，也是学校教育的机会。

在中国，笔者认为，理工教育和审美教育会双线并发。大理工体系以数字智能社会形成的知识底座为基础，技术系统的鉴赏力和系统联系性成为能力培养的重心；大文科体系则超越语言学习，以审美教育来统率文理体系。两者对于能力系统的要求不同，理工教育提倡培养学生的逻辑思维和系统思维能力，让科技表达实现精确性，达到不仅能够让人理解，也能够让机器理解；审美教育则更加提倡学生对于技术秩序和艺术秩序的总体把握，这种感觉是"无用之用"，旨在培养孩子敏感和细腻的内心，让其能够在数字社会中基于同理心体验他人的深层需求。

对学生进行审美教育的目的，是让学生毕业工作后，在设计和制造产品时，能够对需求有更加丰富的理解。看起来，美育对人似乎没有什么直接帮助，但事实上，美学从来都是一种生活美学，美的认知，会渗透进生活的方方面面，哪怕一家酒店的陈设、一处乡间民宿的环境布置，都是一种美好生活方式的体现。

用审美能力来俯视数字社会的技术进步,是一种重要的认知架构的重建过程。数字化教育是一种终身教育体系,这个体系的建立,意味着每个人不仅需要面对学校教育,还需要面对辅助一生的教育体系。面对这种终身的教育体系,学习者会根据自己的发展特质快速学习一种技能,但接受学习教育的方式会和现在大不同。

未来的教育方式会充分照顾到主动学习者的学习需求,让后进者有充分的受教育机会,但会尽量去提升主动学习者的潜力。在数字社会,商业价值贡献和工业时代已经明显不同,社会进步会越来越依赖关键人才的关键成果。因此,我们需要有一种"让天才长得更高"的机制,同时也一定会有更加深入的美育机制跟随,而美育机制又内含了自我探索和内心健康的自审能力。

到此,我们可以说,整个数字社会本质上就是一所开放的学院。成年人的教育是社会的并行系统,不再是独立的系统。伴随着数字技术的精细化发展和成熟度的提高,必将形成映射现实又可以独立于现实的虚拟世界。人既是技术创造者,又是艺术创造者,独立的虚拟世界无疑就是人类的想象世界,这里可以说是创作者的天堂,人类积累下来的所有文化想象作品,都有在虚拟空间里再做一遍的潜力,这对于数字娱乐企业来说无疑是一个巨大的历史性的机遇。

下一代人,也许是"20"后,他们会觉得我们现在用的手机就像古董,和我们这代人看世纪初的按键手机一样,他们不会理解一个人用手戳按键的那种感觉,并认为用手在屏幕上滑来滑去是件很奇怪的事情。新的数字终端将会改变互联网,未来一代人,在空气中指指点点,就能够在整个视场里找任何所需要的信息。未来,人们的学习和提升如此之便利,因此人们认知的增强也将伴随自己的一生。这就是数字中国里,人们的学习方式。

在元宇宙中接受知识,并最大限度地模拟实践或同步实践。目前产业观察家看到的是 VR/AR/MR/XR 普及的场景,其实,这只是一个技术界面,元宇宙的后台架构将是重构生产场景和消费场景,重构的过程会涉及整个智能社会基础设施的构建。打造数字智能社会,需要整个经济体作出结构性变革。

4. 满足多元审美的方法和策略

让社会变好,让社会治理成本降低,是数字中国规划需要达成的战略目标之一。社会是复杂多元的,文化也是多元的,地域文化借助数字社会的发展进程重新在地域崛起,笔者认为这种再崛起的过程需要用一种底层价值观去引导,就是在现实世界和数字世界里让所有区域都参与一种生活方式的竞争。

数字社会的新发展,意味着大城市已经不再有信息垄断的优势,中国过去、现在和未来,在数字基础设施领域进行了持续的战略投资,这让中国赶上了一轮新的数字智能革命。无论是大城市还是山野,都享有基本同等的信息权利，在信息社会中，这就是一种基本权利。

展望未来十年，我们可能会真正理解"绿水青山就是金山银山"的科学论断，不仅是中国人，全世界的生活者都会寻找适合自己的新居住地，原因说起来很简单，中国的数字智能基础设施的建设，让很多有特色的文化地域成为人们愿意停留的地方。

在接下来的数十年里，城市和地区治理面临的竞争，不仅会体现在经济层面，更会体现在文化层面，更具体地来说就是，基于文化的生活方式的竞争已经到来。我们不仅看到了以独特文化生活方式崛起的杭州、成都、苏州等城市，吸引了很多人移居和短居，同样也看到了贵州、云南等区域也在引领着生活方式的崛起，很多人开始奔赴文化特色地域，去消解原来城市生活方式单一带来的厌倦感。

有特色的文化地域和城市，可能会成为未来新的发展极。当然，这是满天繁星的发展模式，不再是大城市的资源单向虹吸模式，有利于地域间的均衡发展。在人工智能和自动化生产条件下，设计场景和生产场景分离，生产场景和消费场景分离，大城市和小城市之间的消费者可能产生相互替换的情况。现在看来难以想象的事情，但等到我们的下一代成为成熟消费者的时候，很多原本想象不到的消费和生活方式就会变成主导性的生活和消费习惯，并自然而然地发生。因此，现在的企业家应该把研究下一代会如何消费，在什么样的场景里消费，当作一个时代的大课题。

关于人对于多元审美和多元生活方式的需求，我们可以从技术角度进行详细分析。

数字中国规划和工业4.0时代的叠加，数字革命产生的一切成果，最后都要服务于人，手机在未来会继续进化，它会变成面向人的微型超级终端，并在超级终端里呈现出意料之外的新世界，来提升我们每一个人的感知能力。

在数字社会，办公工具数字化会推动一场工具革命，新工具既是生产工具，也是消费工具，会重构人际关系和物理世界。

元宇宙和孪生数字世界的演化，就是中国人未来的工作场景。中国科学院王涌天院士说过一句话："在眼前呈现复杂系统的能力，对于人类的沟通方式来说，是一次飞跃。"因为有了元宇宙和Web3D互联网，一切都变成了可视化表达。专业不再是横亘在此专业人和彼专业人之间的墙，跨专业之间的学习变得更加容易，人们可以快速了解另外一个专业的核心架构。这是一种让人激动的技术未来。

元宇宙的3D交互技术将会成为标准的技术语言，世界从看图说话到看3D说话是必然要发生的事情。对于未来，我们可以看到这样的一个场景，在一个研究所里，几位科学家在热烈地讨论前沿技术问题，但是这几个人却是身在地球上的不同地方。

"任何地方都在现场"，这样一场沟通革命，元宇宙的初级技术就能够支撑实现。而这样一种高效沟通的场景，对于知识工作者来说，其创造效率将得到极大的提升。大众元宇宙尚待时日，但基于高端应用的元宇宙，将在短期内成为高端知识生产的主导性沟通系统，哪一个国家率先建立起这样的开放式沟通系统，哪个国家的基础优势就会充分发挥出来。

数字社会越发展，中国中西部和西南部地区的发展机会就越大。西南部地区作为多元文化的聚集区域，管理者需要从多元审美的视角，去重新构建城市的基于文化的发展模式，如慢生活和当地文化可以被作为一种新的商业模式来进行设计。政府和文化产业托管机构将城市作为一个文化大社区来运营，以适应未来数字时代的新生活方式和消费市场的分散化趋势。

今天，我们在谈文化发展的时候，似乎是一种无法落实的事情，千头万绪。但事实上，我们忽略了一个事实，工业时代正在迅速进入后工业化阶段，工业生产的主要工作场景变成了工业服务业，数字服务也正在逐步替代人工服务，产业技术、智能自动化技术也已经逐步替代了标准的工业场景，如此，当办公室已经不是价值创造中心的时候，一种新的生活方式时代也就来临了，这便是一种文化的发展与变迁。

从国家安全的视角来看，在哪里生产，凸显的是工业能力的问题。从市场的视角来观察，消费者到哪里去消费，才是权力争夺的中心。消费者的消费是围绕着自己的生活观走的，因此，哪里是文化高地，哪里在未来就占据了更好的发展机会。

数字社会中的人有一种旅居需求，在不同的审美主体和文化主体之间穿越，以丰富自己的精神世界，构建自己的生活经历。在今天看来，这些不是刚需，但当数字社会发展进一步深化的时候，这些基于车载智能设备的新一代人类，可以将新能源汽车作为自己的移动办公室，到那时，任何地方都可以停下来工作。因此，旅居不是浪漫主义的想法，而是一种实在的生活方式。

著名科幻作家韩松认为，任何科幻小说的表达母题都是关于旅行中遇险、发现惊奇，然后与之融合的过程。这种前瞻性的构想，正是我们现在在数字社会中构建新生活方式的深度思考。科幻是关于未来的,韩松认为,中国人就生活在科幻之中,或者说就是科幻本身。

我们开车走过中国的广阔地域,路过一个一个文化区域,工作和生活都不耽误,这就类似穿越一个一个星球,这是科幻投射到现实生活的鲜活写照。

因此,数字中国规划的推行,在本质上就是重新构建中国人的生活方式。而只有这种生活革命才是彻底的,它使得人不是从一个地方走到另一个地方,而是走过路过经历过,变成了一个对于多元文化和多元审美有认知的开放的人。如果说,中国未来社会经济的核心是消费,那么旅居和工作的合二为一,可能就是中国实现内需提振的主要方式。人在不同文化的碰撞中是最有创造力的,因为这是一个技术融合、文化融合和审美融合的综合过程。

5. 卓越价值观内含在审美领导力之中

数字中国规划中,内含着对于中国人创新精神的期待。事实上,创新精神不是刻意培养的结果,而是内化在人们的生活方式之中的。古人对于个人能力体系的培养,大体上就是"行万里路,读万卷书",在今天看来,这些话语还是充满了力量的。中国在数字社会到来的时候,需要构建一种生活方式,让创新内化在人们的生活和工作中,从而让自己成为全球创新文化的引领者之一。

在未来的数字社会中，需要有一种"社会构建社会"的自运行思维。中国的数字社会建设，包含着一种从农业文明、工业文明过渡到数字文明的历史性过程，说到这儿，不要被这些看似无边际的大词语的表达吓住，实际上，文明就在每一个人的日常生活态度中。

中华文明的底色是农耕文明，普遍具有守纪律和勤劳的内在文化特质，严格按照流程又生生不息地展开劳动和作业，但这种文明的内在特质凸显了其过分追求体系的稳定性、容易让社会陷入"静态化"发展陷阱的消极一面。

农耕文明的文化特质也有其积极的一面。农业劳动和农业经济讲究天时、地利、人和，这种长期的文化训练，让中国人在决定工业化的时候，即使历尽千辛万苦，还是用最快的速度完成了人类历史上规模最大的工业化进程。这在某种程度上也显示了中华文明的亲和力。

人类历史上最大的工业化成果已经被中国人收入囊中，这是文化秉性和历史机遇共同作用的结果。今天，我们在数字中国的规划之下其实开始了另外一种"文化内核的培养进程"。未来的中国，需要继续发挥中华文化的包容性和对于全球文明的自然融合性，中国的所有人口不可能全部成为工业化人口，这是全球需求规模的限制性决定的。未来，随着人工智能的发展，中国一定会出现大量的"黑灯工厂"，这直接影响了中国未来的人口产业结构分布状态——在几大产业中标准的工业人口数量被缩减至最小，但工业文明却不会因此离开，因为其全部的文化内核和基因已经存留在了这里。

工业经济产业链可以提供充足的物质产品供应,在客观上可以支撑一个富足的社会,而当社会富足之后,人们便会追求一种相对宽松的生活方式,这就带动了一种创新组织和创新文化的产生,使得在庞大的工业生态链的基础上,开创出普遍性的创新之花。

创新文化基于一种卓越价值观,需要跳出特别严格的纪律性组织和基于标准流程的工业组织范畴。这让笔者想到了这是一种"水手文化",这是一种敢于直面明天的不确定性,勇于实践探索的有关生命价值观的审美文化。应该说,企业家精神的本质角色可以类比为一位船长,这也是海洋文明的内在文化特质。

中华文化从来都不是单一的大陆文明,而是一种"海陆文明",这种文明让我们在进入数字文明的进程中时又一次以人类史上最快的速度完成了信息化。因此,陆地上的行者文化和海洋中的水手文化,本来就是中华文明文化系统的一部分,在未来的数字化社会进程中,我们需要从培养卓越价值观的角度将这种文化重新凸显出来,以顺应创新时代的要求。

这便是数字社会中从生活文化层面来构建一支创新力量的方式。经济史已经证明了很多事情,比如阿里巴巴这个企业的兴起,就基于一种行者文化的内核,这种跳出中国看中国的战略理念,带有一定的文化超越性。

同样的道理,苹果公司这样的优秀创新者,也是东西方文化共融的结果,乔布斯年轻时的旅者经历,让他在不同的文明之间找到了"产品禅的哲学"。这充分说明了卓越的创新价值观来源于不同文化观念的大融合,这是一种新的生活哲学。中国创新者需要在这种生活哲学的指导下获得一种走过全世界回到中国再创造的内在融合能力。数字中国规划中自带无边界开放体系，能够吸纳多元价值和多元审美，这种一切皆为我所用的文化精神，正是中华文明的原生内核精神。中国创新者以世界主义的眼光，看到每一种文明的长处，然后用中华文明兼容包蓄之。

在数字中国规划里，数字城镇和数字乡村的建设进程一直都是规划的战略重心之一。这同样是一种有魅力的生活方式，继续在深远的未来，承载着中国人的田园理想。在未来，中国还会有几亿人生活在小城镇和乡村，这种康养农业和数字智能社会的结合，也是中国人的主要生活场景之一。

作为社会经济的构建者，要拥有将生活方式和价值观构成作为思考的单元，来理解不同生活方式共存的文明意义和现实意义的审美领导力。用这种审美领导力构建出的未来中国，就是"安人的地方"，无论是创新者，还是工程师，或者一个喜欢乡村生活的人，都能够在各自的地点凭借中国出色的软硬件基础设施生活得很好。各得其所，正是美好社会的杰出架构，看似轻松的表达，实际上需要出色的多元价值观的融合能力。

6. 创造更优雅的社会软结构

真正有活力的文化不在博物馆里，而在于人们的日常衣食住行习惯之中，就像汉服不是在博物馆里，而是成为年轻人的衣着，这就是一种文化活力的表现，在其背后，事实上是对中华文化共同体的认同。这种认同，不在于外在的宣传，而是内化在了人们的内心里。这就是社会软结构，内化于心的文明，才是最稳固又自信的体系。

对于数字社会的观察，我们需要建立一个观察的"晴雨表"，去掉嘈杂的无用信息，让很多社会问题暴露出来，而这些问题的背后可能就是文化和审美的缺失。

一个社会缺少企业家和创造性人才，本质上是原创者审美和原创者文化的缺失。为了推动社会文化的不断进步，必须培养出更多的创造性人才，并倡导一种鼓励创新的集体心智环境，让原创精神得到社会的认可与尊重。这是数字智能社会所需要的。

企业家是推动经济发展和创新的重要力量。缺失企业家往往代表着缺少创造性和创新精神的文化和审美观念。如果一个社会没有足够的创造性人才，那么就很难有原创的思想和产品，这样的社会必然会落后于其他拥有优秀创造者的社会。

在文化视角里，原创文化得不到社会的赞许和认可，就很难有普遍的原创精神空间能够存在。与此相反的是，一个社会培养出大量创造性人才，则可以引领社会的持续发展。

社会文化发展并不是虚幻的概念，它是由集体心智推动的。社会文化指的是通过人们的意识、思想和价值观念来形成的共同认知。一个良好的集体心智环境能够促进社会文化的发展，帮助人们更好地理解社会现象并积极面对问题。

良好的社会文化环境也需要政策的支持和倡导。政府应该制定鼓励创新的政策和法规，支持原创艺术和文化产业的发展。在学校教育中也应该注重培养学生的创造性思维，开展各种形式的科技、文化创新比赛等活动，鼓励学生进行创新实践。

社会需要形成多元化的价值中心，以创造更优雅的社会软结构。这种软结构，我们该如何去理解，并如何引入社会实践呢？可以通过展开一个多层结构来描述。

理想的数字社会治理结构大概有三层，最底层是一种中心化的结构。这种结构多数情况下指的是政府对于整个社会的综合监管体系，但又不会仅停留在监管层面，而是对于全社会的稳定运行负有责任。同时，即使政府拥有所有的社会融合型数据，也不能以此来侵犯一个人的隐私，不能成为"一个公民打击另外一个公民的工具"。国家完整的数字能力的构建，就是一个中心化的结构，这是和中国文化契合的一个数字治理结构。

中心化结构的治理，一定要坚持一个原则，就是允许自发秩序的产生。除了系统性社会危机的预防，其余社会经济的一般问题，在国家层面不需要干预。

第二层的数字社会治理结构，是一种多中心化的结构。在这个层面上，笔者觉得主要从文化层面入手，来构建区域文化，建成不同的文化中心。比如北京是政治中心城市，深圳是科技创新城市，这些仅仅是一种定位。如果说定位思维仅是一种引导公众如何认知自己的策略工具，那文化中心的构建就是一场"内心的革命"。一个城市在毫无文化禀赋的情况下，硬性去构建自己的定位体系，多数情况下也不会获得成果。

判断一个文化中心的成与败，就是看这个文化中心是不是有新事物不断涌现，我们在看到硅谷科技创新的时候，不能仅从科技的视角来看硅谷，而是应该从文化中心的视角来看待，这样才更准确。

中国这么大的经济体，在数字社会中，要如何进行多中心布局呢？以资源禀赋为切入点，建立几个以创新文化为主体的城市经济体，这是中国未来走向世界科技中心的战略基石。无论社会经济发展处于平稳还是动荡中，文化都是企业度过波峰、波谷的主导性影响力。我们在构建地区发展极的时候，特别要注意文化惯性形成的发展能力。

构建社会信任多靠文化，少靠监管，社会发展过程中的"伟大创新"都是在文化体系中涌现出来的，而不是监管出来的。文化不是空谈，而是一种治理思维。

这里会引发一个问题：一些在高科技产业竞争中不占优势的地区如何找到自己的文化中心的构建方式？在发达的数字基础设施之上，欠发达地区也能够找到自己的人文资源禀赋，发展出自己的文化优势，凭此来构建新的生活方式，达到重建自己的目的。欠发达地区通过构建生活方式来迎合未来的生活革命。

正如桂林不仅成为中国人的旅行目的地，也让很多来自世界各地的人在此旅居。在过往的案例中，这只是一个端倪。但对于一代人而言，这种基于生活方式的文化中心构建，则是构建强大的内需社会的基础工程。

这些文化中心的构建，让文化地域不仅能够成为中国人的工作旅居地，也让中国成为世界的生活中心，在前文中我们已经描述过，在文化中心，这些文化能够提供一种价值观庇护的功能，人们在这里生活，变得很轻松，毕竟，文化层面的心安理得才是幸福的开始。

中国故事、数字内容和时代语言文化的软实力构建,是这些文化中心进入下一个发展周期的基础工程,文化中心是不会过剩的,这是基于本地文化内生出来的生活方式。这种发展方式是优雅自然的,不是扭曲的结构。

数字社会治理的第三层结构,是专业化和碎片化的去中心化结构。这是一种竞争体系,目的就是参与对全球消费者的争夺,是未来经济的主战场。在企业层面,需要一种适于创造的软环境,并且具备一种"放任精神",可以让数字时代的企业在环境中自生自灭。软环境要求有接受失败的文化,因为一个成功的企业在成功前往往要经历几十次试错性的失败,数字时代的企业竞争会更加激烈,故而一个容忍失败的商业文化是相当重要的底层价值观。同时,从政府层面,需要出台相关的政策来对冲创业者的失败,降低创业者创业失败的成本,让社会经济的发展始终充满活力。

中心化、多中心化和去中心化结构集成在一起,中心化结构提供社会系统的稳固性和均衡性;多中心化结构提供文化资源和自然资源的差异性,建立起以生活方式构建为中心的文化构建方式。而在去中心化层面,则是一种自由竞争和自由组合的结构体系,在这个体系里,需要导入一种容忍失败的文化,同时也要从政府政策层面来减小创业失败对创业者的冲击,让人愿意创业,不惧怕创业,从而使经济的发展始终保持欣欣向荣的姿态。

第六章
生态文明引领智能化社会

1. 碳中和社会，重建生存伦理和价值审美

在数字中国规划中，中国的生态文明建设需要和数字智能化社会建设相融合，借助数字技术加速中国绿色发展和生态发展的步伐。

进行生态保护，找到人类经济和社会可持续发展的模式，实现人与自然的协同。碳中和社会和生态文明，在未来很有可能会成为全球性数字治理的领域，就像当年欧共体形成的煤钢联盟一样，成为人类命运共同体的先导部分。

碳中和的全球治理体系构建需要强大的技术基础，这事关全人类的未来命运。因此，基于学者施展的构想，未来世界会建立一种"全球数字治理联盟"，用一种中立的、技术的方式，建立全球碳中和社会的数字化治理体系。

在数字智能化社会中，人们已经开始反思，300年全球化工商业文明告诉我们一个事实：资本世界没有"刹车装置"。而低碳社会的实现，意味着人类认识到了要在有限的空间里求生存和求发展。选择一种有"刹车装置"的生存方式，是人类面临的共同问题。

对于碳中和社会中的全球治理透明性和公正性，需要全球各方的谈判以及进一步达成共识，中国人对于建立全局性的生态文明，从来都是认真

实干的，这是中国人实现全球良性领导力的机会。因此，中国构建新的发展伦理，既是未来世界的道德制高点，也是话语权的来源。

生态文明建设作为中国面对深远未来的国策，在数字中国的规划中再一次被重点提及。事实上，只有建立更加强大的数字化体系，才能让生态文明在结构和细节上产生精细的过程数据，而这些精确数据恰是进行生态发展决策的前提。

生态文明需要一套完整的文化哲学内化到中国人和全球人类的生活当中，但文化价值观在实际利益冲突面前会显得相对软弱，且文化不是强制性的，如此，文化只能影响一部分人。因此，只有建立监管体系，将文化关系导入利益关系，才是建设生态文明的系统设计之路。

在生态文明的治理中，既有"无为而治"的气质，也有"有为而治"的系统，这样的构成，是一种文化和利益导流的方式，符合环境治理的一般规律。

生态文明是中国文化的一部分，人与自然的和谐共生，这是中华文明得以延续的内在文化法宝之一。中国人需要在碳中和社会到来之前，创造出全人类共同的思想通道。中国人要在5000多年的历史中，找到文化的源头，然后将之变成全人类的财富。同时，我们需要引领全球，数字化的生态文明天然就是全球化的，生态中国是一系列的行动构成的长期社会发展行为，中国正在引领着全球的绿色发展模式。很简单的例子，近年来，中国新增的能源系统比例，超过一半是可再生能源，这足以证明中国在绿色生态发展领域的前瞻性布局了。

我们往往都是生活在思想家的思想通道里，在过去的几百年里，西方技术文明随着全球化主导了人类的发展思维和发展秩序，直到今天，"人类中心主义"还是主导性的发展哲学，不过好在，目前在西方学术界，"万物和谐"的理念已经引起了巨大的反思，这是一件好事。

生物圈伦理学需要完成一次大统一。站在前人的肩膀上，整合利奥波德的"大地伦理学"、施韦兹的"尊重生命的伦理学"、塞欣斯的"深层生态学"等思考成果，以此为砖瓦，建立起系统完整的理论架构，成为未来百年人类的发展指导理论。

信息技术元素是未来生态文明建设的根基，我们需要以信息技术为基础建立新的伦理学，用数据来梳理人与自然之间的关系。人类建立了生物伦理学，这个独立学科的存在，意味着人类如何对待生命和生物物种的问题获得了初步认知。第一次工业革命后，工业经济的快速扩张性和资源占有性给社会带来了繁荣，但也带来了长期的环境破坏，由于时间周期比较短，人类还没有办法完全评估出自身无边界的工业活动对于环境和物种的影响。因此，以碳中和社会建设为起点，人类需要对发展认知做全局性的反思。因此，数字中国关于生态文明的描述，不仅是中国的，更是世界的。

生态文明构建是一个软科学和硬科学共同构建的大体系。为人类发展导入一个新伦理，形成教育体系，再转化为教化体系，最终形成生活习惯和生态审美观，这样的观念链条才能真正落到实处。

生态审美观的价值，在于能够解决人类独立个体的"生态慎独"问题，即使只有一个人在场，审美观也会起作用，可为和不可为，进入个体心智层面，才是碳中和社会的总体基本经验和认知。在此基础上，经济激励就是一种现实手段。

文化体系领技术体系，这是人类发展的基本经验，人人都是文化的载体，文化是活在人心中的一种传承体系，可以借助数字媒体进行传播，让概念深入人心，这样的文化构建规律适用于数字时代的生态审美观的构建。

审美观也是有载体的，比如身体审美观就隐藏在中国的山水画中。在中国的山水画构图里，已经内含了人与自然关系的审美价值，山野很大，房子很小，人也很少，小桥流水人家。构图强调了大自然小个体的"天地小我"的整体思维。中国艺术的生态审美观认为自然环境是人类艺术创作的基础，同时也是人类生存、发展的重要条件。

事实上，中国山水画的艺术可以进行全球推广，借助全球化数字媒体表述中国人的审美观，这就是一种内在的文化传递过程，环保意识和生态保护需要成为一种文化自觉，这样才有意义。生态审美观不仅强调当前环境的保护，更注重长期的可持续发展，追求在艺术创作中融入环保元素，激励公众在日常生活中采取环保措施来实现对环境的可持续保护。

碳中和战略是中国现在和未来发展的国家战略，其内核思想就是尊重自然规律，实现主要资源的循环再生，更重要的，是构建一种和环境友好相处的生活方式。

基于生态文明的审美观，会在自然承载力和消费社会之间寻找一个平衡点，而基于多元价值的平衡思维一直都是中国文化的实践方法论。在探索自然美学的过程中，有一种克制的发展哲学，不再以利益最大化作为核心诉求，而是以人和环境的可持续发展为核心需求，这种兼顾短期价值和长期价值的核心需求,是数字中国规划中我们需要遵循的基本发展规律。

2. 用绿色技术消化生态深层"债务"

在数字中国规划中,谈到"建设绿色智慧的数字生态文明。推动生态环境智慧治理,加快构建智慧高效的生态环境信息化体系,运用数字技术推动山水林田湖草沙一体化保护和系统治理,完善自然资源三维立体'一张图'和国土空间基础信息平台,构建以数字孪生流域为核心的智慧水利体系。加快数字化绿色化协同转型。倡导绿色智慧生活方式"。从"生态文明"到"数字生态文明"的背后,意味着在整个自然环境和发展环境的治理中找到了一个数字抓手。

环境治理的数字化转型,有两个关键词:一个是数字化,另一个是绿色化。这样的内在逻辑,意味着中国在思考发展的时候,不能将边界都放在经济学的范畴内,而应该遵循这两个原则,用一种更具边界约束力的生态发展观推进环境治理的数字化绿色化发展。关于此有一个社会代价和环境代价的问题,这是很多企业在发展过程中一直忽视的问题。但在数字化绿色化的战略下,我们就会发现一旦经济系统进行重新核算的时候,对于大部分企业来说,其所得到的利润实际上是一种假象。比如,一家家具厂得到的微薄利润和砍伐森林驱散动物造成的环境代价及物种消亡相比,根本微不足道，人类就是耗尽所有财富，也创造不出更多的物种出来。

低碳经济和绿色发展，是推动生态文明建设的必由之路。那么对于生态文明建设来说，为何数字化如此重要？原因就在于数字化可以将之前一切不能进行量化的数据进行再量化，企业利润需要叠加环境成本和社会成本核算。在以前和现在，经济制度和经济算法限制了人们的全局视野，人类在古代不具备测算成本的能力，到了现代经济领域，资本方又有意忽略了取得利润对于人文环境以及自然环境的破坏。人们可能会产生一个新的问题：完整的真实的企业成本到底在哪里？

对于国土环境和生产环境的数字化治理，就是要将资本经济获得的经济成果通过全局数据再衡量一遍，因此对于企业来说，到了重新核算利润的时候了。

现在，人类经济组织的主要形态为公司，公司的价值衡量体系就是股东至上。公司组织在过去几百年间，不仅无法平衡自己的利润和外部环境的关系，也无法平衡股东和其他劳动者之间的关系，这样就导致了过度中心化的公司组织形态，使得公司最终都只会对几个资本股东负责，个人巨富成为人类价值观上的成功者，亦是现代人为之奋斗的指南。

在整个经济学史上，公司制的成立，本来就是一种资本和资产代理人的管理机制，对于股东负责，实现信托价值，是组织运作的核心。从更早的希腊历史文献中，我们知道股东负责制一开始是用来众筹经费进行战争掠夺的组织，这是更早的公司制度的雏形。从公司组织的文化基因来看，公司组织这种形态不会对人类社会的整体利益负责，因此，对于人类来说，面对未来百年的发展进程，要创造一种超越型的新型组织，即基于绿色发展和生态发展的数字化组织。通常来说，在所有方面都严格合规的企业，往往都不是利润最高的企业，因此，当我们再以社会价值系统来看待中国国有企业的时候，可能就会产生一种不同的认知。

因此，在经济学上，有一个鲜为人知的概念，叫作"深层债务"，这是基于全产业链的算账方式才有的概念。通常在经济行为当中，人们会想方设法将风险转嫁出去，把利润留给自己。而这些在全产业链上转嫁出去的风险，包括碳耗费和环境污染，并没有计入"深层债务"。可见，在过去和现在，资本不仅掌握了攫取利润的方式，也通过一系列标准算法，有意识地将社会成本和环境成本排除在了企业组织之外。

数字化和生态治理的结合，可以让所有的发展问题暴露出来，这种暴露也体现了一种治理哲学，我们需要通过透明化的方式来看待一个企业的发展，核算一个企业的"生态深层债务"。在中国，转型的历史进程正在进行中，政府和社会在治理进程中必然会遇到困难，但保持适当的压力，加上过程引导，在经过一个漫长的转型时间后，企业一定会实现发展模式、技术等的绿色生态化。比如，腾讯企业就在自己的服务器阵列运算过程中大量引入了新能源，作出了企业绿色低碳发展的表率。

数字中国下，中国人能够在全球率先进入数字化环境治理行列，对传统产业从产业布局上进行绿色改造，对新兴产业则主动选择绿色发展模式，全面、积极推进新能源技术的发展，培育巨大的绿色产业生态树。

中国数字化和绿色化的发展之路，受益者并非只有中国自己，而是一条惠及全世界的发展之路。作为一种文明，探索和践行数字化、绿色化发展道路，这是为整个人类文明的发展承担道义的历史机遇。在我们这个时代，最大化地输出绿色技术产品，本身就是在为全球作贡献，而中国人在新能源领域，已经布局了巨大的产业体系。数字化环境治理是一种直面问题不回避的行动哲学，学会为生态发展算账，是中国人对全世界作的贡献。

数字化和绿色化发展道路，深刻影响了我们这个文明的未来，现在我们倡导绿色GDP，因为它注重国民经济增长的净正效应。因此，中国社会要思考社会学中的发展成本，不增加社会矛盾，同时要学会从消耗的本国和进口资源以及污染成本方面进行减值，以获得真实的可持续发展的国内生产总值。

直面数据其实就是直面问题。从"生态深层债务"的角度去扩展算法，人类作为"自然环境总体债务人"的角色就会显现出来。这是不可回避的事实，所有现代的国家都将面对同样的问题。不算账，问题似乎就不存在。《大秦帝国》的作者孙皓晖说："在资本主义生命的本质结构中，没有担负世界道义的基因。"在此我们不需要从大历史视角去解读，只抓住关键问题：我们如何去做？通过自己的发展，输出具体的绿色技术产品，从而带动全世界的绿色发展，这就是中国责任，中国人在这方面是知行合一的。

3. 智慧政府和生态圈经济的大融合

文明对于新世界的适应能力，是所有社会观察者最感兴趣的领域。如今，站在数字化社会的门槛之前，站在数字中国的大架构之下，我们能够在大纵横的视角之下检视当下的数字化和绿色化社会转型，会油然而生一种深厚的历史感。我们能够看到世界百年未有之大变局，也是一种幸事。

中国文明秉持的是深入骨髓的"大一统文化"，而这样的文化哲学在建立人类生态文明的时候，其内核是同构的。从底层发展哲学上来说，中国已经可以为世界未来的发展提供文化底座了，这就是人类命运共同体的价值和意义。落实全人类可持续发展的命题，历史可以告诉我们未来。

任何一个文明形态的核心都是政治文明，海陆文明型国家需要有自己独特的治理结构和治理生态。因此，在数字化社会的发展进程中，笔者提出了"数字治理中心化、数字治理多中心化、数字治理去中心化"的三层治理结构。该治理结构旨在让智慧政府、智慧城市和智慧企业及其他组织形态，形成一个大融合的内在力量支撑。生态文明的发展，不只基于历史、现在和未来，还需要基于一种深厚的内力支撑，由此我们说，强有力的数字社会的治理结构，是未来社会长治久安的制度基础。

"人类命运共同体"理念是我们这个时代的至高概念，亦是一个充满人类人文关怀的理念。在当下的社会发展进程中，全力推进数字化治理的大经济体主要看中国和美国，而编织一种基于数字智能社会的新的发展架构，凝聚全球共识，规范新的生活形态，形成巨大的精神支柱，是一种社会融合性工程。只有规模巨大的社会治理结构，才有这样的治理经验。

绿色技术生态链和数字技术生态链的大融合，形成了一个大的生态圈经济。从经济学角度来分析，这是平台经济的演化版本，但又与平台经济的中介撮合性有着本质的不同，在生态圈经济内部，有着完整价值链的多层结构性特质，使其成了一种可以平衡社会责任和企业责任的经济模式。在组织设计中，绿色发展需要通过一种组织形态去落实，这是必然的事情，而问题是，这样的组织形态是什么呢？可能是一种基于区块链技术的中立性组织治理形态。

智慧政府的治理形态，会将生态文明的治理体系嵌入更多的生态圈经济，比如，在生态圈经济中，参与者都需要在符合数字化和绿色化的总规则下，作为一个多方的参与者进入新的游戏规则。区块链是一种社会化技术，属于社会新基础设施和数字社会的底层资源。因此，区块链技术作为新的数字治理体系，本身就具有"实现精细到个体的资产和收益再分配能力"，这是数字化时代社会治理的必要能力，也是智慧政府实现全图景数字化治理的技术基础。

根据数字智能社会的要求，智慧政府的建设需要实现整个治理结构的扁平化，减少层级结构在信息传递过程中的损耗，中心化的数据资源库只需要向地方政府开放接口，就能够得到一致的信息，这是数字时代弥足珍贵的治理能力。这意味着政府治理在信息能力上是一个飞跃性的进步。任何一个决策都是基于大图景数据的比对过程以及对于最佳实践的比对过程，这样可以降低社会治理的成本。

在数字智能社会治理结构中，智慧政府会抓住主要矛盾解决主要问题。现在，我们强调建立龙头数字平台的价值，推进数字平台向生态圈经济方向演化，这就是"链长"的生态站位。智慧政府和生态圈经济中的"链长"在同样的一张数字智能网络中，维护生物圈经济和个体的权利。现在，随着越来越多的企业被纳入生态圈经济中，智慧政府在管理社会的过程中，正在变得更加轻盈，目标更加集中，也更加高效。

智慧政府管理"生态圈链长"，链长管理千千万万的公司。这些千千万万的公司组织在碳中和规则和生态文明的规则下开展商业活动，让人类社会的经济形态进入一个500年来的最大变革周期中。

正如苹果公司自己提出的2030年碳中和目标，那么在产业生态圈中所有的供应商和零售商都需要实现碳中和，这其实就是我们看得见的未来。

理论上，这些生态圈企业不是政府有意培养出来的，而是整个经济系统在新规则之下孵化出来的。生态圈企业在某种程度上就是一种社会盖亚，含人类集体智慧和共识的人工智能的诞生，会将人与人的关系、人与自然的关系统一思考，变成底层规则。

生态文明是一种整体性的社会构建，并不局限于环境保护和可持续发展领域，还包括整个文明治理架构的适应性变革，是催生变革的主要力量，就体现在数字中国的规划之中。这包含了"人与人，人与自然"的关系总和。

4. 生态文明需要完成最大跨度的技术整合

在数字中国规划中，完成最大跨度的数字资源大融合是一项战略工程。技术文明也是生态文明的一个重要的子系统。下面引进一段《数字中国建设整体布局规划》（以下简称《规划》）的内容：

《规划》指出，要夯实数字中国建设基础。一是打通数字基础设施大动脉。加快5G网络与千兆光网协同建设，深入推进IPv6规模部署和应用，推进移动物联网全面发展，大力推进北斗规模应用。系统优化算力基础设施布局，促进东西部算力高效互补和协同联动，引导通用数据中心、超算中心、智能计算中心、边缘数据中心等合理梯次布局。整体提升应用基础设施水平，加强传统基础设施数字化、智能化改造。二是畅通数据资源大循环。构建国家数据管理体制机制，健全各级数据统筹管理机构。推动公共数据汇聚利用，建设公共卫生、科技、教育等重要领域国家数据资源库。

在完成"数字资源大循环"之后，就要建设真正的物联网社会，这也表明万物互联、万物互动的时代将会到来，对我们来说，这是一个值得期待的未来。

构建绿色生态发展模式，需要完成最大跨度的人文和技术领域的整合，即通过实现对生活方式和绿色技术的选择与融合，将人类社会带入一个更加和谐、更加美好的新的发展结构。

"数字资源大循环"的背后逻辑其实是知识大爆发、大融合的过程。在创新思维里，有一个著名的论点：综合就是创造。在知识大融合的过程中，人们能够找到更好的解决各种问题的方案。因为在对待知识和科学的态度上，反映的是一个人的审美观，而审美观则是数字文明时代人的一项很重要的观念。

硅谷著名技术思想家凯文·凯利在《技术想要什么》一书中用了一种极具诗性的语言来概括技术的深远未来，他认为："工业文明的内涵和外延就是无处不在的全球交流。"

在技术思想家的思维里，技术是一种有动力的婉曲前行的超有机体，和人类本有的内在好奇心结合在一起，驱使着人类不断地去发现。人去和技术共生，能够实现"技术超有机体"和人类的共赢。因此，技术在诞生的那一刻，就需要立即置入到最大的技术生态中，因为技术系统有自己的生命力，一旦被阻碍，它就会向另外的方向发展。

因此，著名企业家马斯克于2014年作了一个令人震惊的决定，将特斯拉的技术专利全部免费供业界使用。作为当时的电动车领导者，他的做法和独特的思维方式，令很多商业人士不理解。其实这是生态圈企业典型的思维方式。技术本身需要最大的开放性，才能够将多元化、多层次的资源统合起来，以获得在产业生态上标准治理的机会。事实也证明，到现在，特斯拉在新能源汽车领域已经建立起了庞大的技术生态。

"数字资源大循环"的背后逻辑，就是保持知识的最大开放性，即在不损害资产所有者利益的情况下，将知识和专利应用到最大的生态圈经济中去，让技术的活力充分释放出来。这是数字时代的底层逻辑，也是生态文明时代的内在要求。

任何经济体一旦在战略逻辑上误解了数字社会的底层逻辑，就会产生深刻的历史教训。以日本氢能源为例，日本在氢能源技术生态上的封闭生态，既反映了日本在具体技术领域的研发潜力，又反映了其在构建全球顶级战略生态领域的狭隘性。

众所周知，日本本土市场规模有限，他们虽然有在技术领域深耕的耐心，通过技术引领、整合全球市场的野心，但他们却没有将技术专利分享出去的格局和态度。

在推行"氢能社会"的进程中，日本一直抱着"吃独食"的心态，从而错过了历史上最佳的氢能源替换战略的时机，因而彻底失去了在新能源汽车领域的话语权。在新能源汽车发展日盛的当下，日本只能眼睁睁看着中国比亚迪新能源车和美国特斯拉汽车在市场上两家独大、同领风骚。

中国深度理解技术文明的特点，按照技术规律进行慎重选择，依托自己存在的庞大市场生态，选择任何技术生态都绕不过去的战略技术节点构建自己的战略优势，并在可预见的未来，形成全球性的生态技术标准。

数字中国规划，可以让中国经济在全球经济中完成从"世界工厂"到"世界中台"的生态角色转换，这是中国作为世界最大市场形成的地位。中国不仅可以进行产品价值链的整合、生产和组装，作为主要的数据生产者和知识生产者，中国还可以重新构建世界产业分工体系，变身为学者邱道勇先生倡导的"平台国家"。可见，和中国这个经济体融合，就有最大的产业全球化扩张的机会。

当然，生态圈经济之外还有生态圈经济。因此，"有限竞争、多元竞合和跨界整合"将成为未来创业者的底层思维。在一个技术文明主导的时代，企业存在的价值，就是将自己掌握的一部分知识资产汇入整个技术之海中。因为没有一个企业是可以单独存在的，在技术系统中，企业彼此依存，最终形成一个技术生态圈。而在一个技术生态圈中，任何单独的顶级技术，都需要积极融入生态，这是技术时代创业的底层准则。

"数字资源大循环"的背后逻辑，鼓励生态圈经济中的非企业组织在开放式的创新实践中保持文化自主，进行各自突破后再融入整体生态圈中。尊重生态、尊重科学、尊重事实，数字资源大融合和精细化应用，会让人发现环境、发现生态、发现事实，这就是数字时代自带的一套方法论。

企业在发展一项技术的时候，需要记住一句来自企业圈的普适的忠告：技术是用来培育市场的，独立的技术需要放置到庞大的技术生态中进行孵化生长，才能展现其旺盛的生命力。我们观察产业价值的时候，发现了日本在氢能源技术生态中的尴尬之处，这是值得我们思考的新能源战略失败的案例。而中国的绿色生态战略一开始就是全球化的，这是高度，也是前瞻性的领导力的胜利。

5. 智能社会推进循环经济产业链

数字中国规划,是一个顶层设计的架构系统,其对于生态文明的发展,作了方向性的描述,在建设生态文明的过程中,强调数字化机遇带来的整合效应。

从现实出发,数字智能化带来绿色生态文明的大未来,这是一种初心。生态文明的本质,就是要求人和自然之间划出一道边界线,将人类的活动规模控制在自然可持续发展的水平内,站在子孙的角度,以大时间点作为思考和行动的准则,回过头来否定之前的一些发展模式,建立起一种和自然环境更友好、不向自然过度索取、资源自足的模式。

绿色经济产业链和循环经济产业链的建设,是一项伟大的新基础设施工程。绿色能源技术形成一个生态圈经济,绝不是单一的技术体系和工程体系,而是一个生态体系,亦是一个物联网体系。

太阳能和风能发电技术本身就是一条长长的产业链,但其离产业互联网的距离还很远,现代技术系统从来就不是一个独立的体系,而是需要放在更大更全面更智慧的产业网络中去看产业价值。在新能源领域,中国成功将数字技术、产业网络、产业技术和大规模工程建设组合成了一个完整的物联网体系,接入中国的社会经济,这是一个数字系统和更大数字系统的对接与融合,这种融合而成的生态圈经济和数字化结合在一起,构成了中国经济的生态竞争能力。

在生态圈经济中,一个技术模块可以被迭代,但整个生态就是令全球的战略竞争者望而生畏、可是又无力重构的一个庞大的产业互联网体系,因为他们不具备巨大的完整产业链的协同能力。

中国人的生态文明理念就隐藏在新能源产业互联网中,且这种巨大的产业生态的形成,已演变出一种治理框架和治理经验,并在一些探索实践中获得了持续的正反馈。

在《数字中国建设整体布局规划》(以下简称《规划》)之中,有如下内容:

《规划》强调,要加强整体谋划、统筹推进,把各项任务落到实处。一是加强组织领导。坚持和加强党对数字中国建设的全面领导,在党中央集中统一领导下,中央网络安全和信息化委员会加强对数字中国建设的统筹协调、整体推进、督促落实。充分发挥地方党委网络安全和信息化委员会作用,健全议事协调机制,将数字化发展摆在本地区工作重要位置,切实落实责任。各有关部门按照职责分工,完善政策措施,强化资源整合和力量协同,形成工作合力。

在绿色能源领域,涉及发电、储能和跨区域输电工程,如果没有集中统一领导,不同产业链分割在不同的企业组织中很难形成超越单一企业利益最大化的诉求,故而只有在强有力的,又更有生态文明高度的领导力的领导下,才能够将不同的产业链整合到一起。当这些产业链融合之后,再通过一定的时间进行再协同、再分工，就形成了中国绿色能源的生态圈经济。而一旦生态圈经济形成，所有的产业环节就全部打通了，应用市场的庞大需求和生态圈经济连接在一起，一种超级竞争力就形成了。这也意味着假以时日，中国的绿色能源替代战略会得到更大的战略成果，成为全球绿色经济的标杆。

正是在以往成功经验的基础上，中国的数字中国规划才得以落地实施。

我们现在开始讨论生态文明的另一个发展逻辑，建立关键生产资源的自足模式。当代技术经济发展和生态圈经济模式，跟早期工业化需要的少数资源不同，在早期，工业生产只需抓住几种关键核心的资源即可，如只需要不断地从原产地和资源所在地将煤、钢和棉花等资源运往工业区，就能够支撑起整个工业生产体系的正常运转。而现在，则需要列出一连串的资源清单，备足几千种不同的基础材料资源，才能支撑起超大规模的全产业链经济体的正常运行。

因此，用循环经济替代掉全球挖矿的行为，实现资源再生，建立庞大的再生资源产业互联网，建立当下和未来社会的战略资源清单，维持现代社会运行，维持完整工业产业链的资源都需要建立无限循环的利用体系，并且从国家战略层面、政策层面、金融和产业政策层面、生态圈企业层面和中小企业层面建立庞大循环工业系统，每一个战略物资的循环再生的过程，都是一个独立的技术小生态，建立几千种不同的循环技术生态，这是一个庞大复杂的工业技术体系。人类以"采矿冶炼污染"的粗放发展方式，逐步建立以"绿色循环再生"为基础的庞大工业体系。

这是很多产业专家不断呼吁建立产业互联网的原因，并且认为这是中国未来最大的产业战略机会，这个机会是超越性的，在产业态势上，将是局部竞争全球占优的产业互联网模式，千千万万的生态圈企业形成不同的技术物种，在巨大需求的基础上，构成一个和工业经济规模相媲美的循环经济。

数字中国规划的内在逻辑就是推进这样的历史进程。从绝对值来看，中国的循环经济产值已经超过了2万亿人民币的规模，这是中国工程院院士徐匡迪在一次公共演讲中提供的数据。由于循环经济是一种分散的过程经济，是社会"隐形经济"的一部分，很难有统一的统计口径和精确的统计数据。

中国目前的循环经济产业链市场都是碎片化的，因此，中国的循环经济需要一个统一的机构进行引导和管理，并对所有行业资源的使用流程进行一个独立的统计，这涉及碳中和、环境保护和可持续发展的跨界部门，至少需要若干个顶级智库和辅助管理机构来完成循环经济的系统构建。此外，还涉及金融和若干产业政策。现在，在数字中国框架之下，这一切正在成为一系列可以立即实施的行动。因为循环经济将超量的污染废物变成了囤积的资源，形成资源池，成了国家和企业的战略储备，而这些都是可以进行金融运作的实物资产。

6. 中国的未来生态发展之路

生态文明的建设，最终还是要融入大众的生活，真正的需求才是推动生态圈经济和绿色经济的根本动力。数字中国规划下建立的生态圈经济和产业互联网结合，形成了一个从消费端到产业端的"端到端"的全价值链。

中国未来的生态发展之路，就建立在数字智能化的战略框架之上。建立主要战略资源的循环经济模式，让基于科技的创新成为战略竞争的主战场，那么经济发展进程就有了一定的超脱性。在理论上，可以将更多的资源运用于探索人类生态文明更宏大的领域中。循环经济推动的万物循环的工程实践能力，延长了人类有限稀缺资源的使用寿命，或者实现了无限循环资源的永久重复使用。这样庞大的循环体系，可以极大地促进大规模就业机会的形成。

而碳中和战略，则是中国人走向循环经济的一个里程碑。中国人对于绿色能源和低碳社会的建设已经投入了巨大的经济力量和治理力量，碳中和只是人类走向循环经济的第一个生态文明里程碑。在这个机遇之下，让人类经济实现整体转型，需要世界级的领导能力。

循环侧改革意味着每一个企业都能够找到自己的价值扩张的方式。在巨大的生态圈经济中，企业会找到自己的独特位置，有些企业不必再遵循做大规模的原则，而是作为生态中的一个必然存在的物种，以获得适宜的生态为自己的追求。这和资本完全主导的时代不同，观念领域的变迁，小而美和巨大的平台经济之间，需要有一种次序关系。各种层级的循环经济模式会被建立起来，以节约的方式维护自己的存在价值。

循环经济和生态文明建设是一个系统工程，而最基础的构建能力，还得从教育开始。

美国生态哲学家小约翰·柯布在若干次对中国的访问当中，都建议中国的大学开设循环经济技术工程课程和培养生态文明人才。在深入研究他的思想体系之后，笔者看到，他确实是希望人类生态文明能够在中国成为一种发展范式，一开始，还是从组织体系和人才体系入手，培养一批锐意进取的生态文明领导者来解决具体问题。

在大学课程中，需要研究不同产业的工业技术流程，并在流程中找到衍生物的循环再利用机会。每一个或者几个关键原材料的回收，其系统技术之间能否实现多产业链连接，形成一个完整的工业系统，需要一系列的原创研发，需要中国人大量设计制造"工作母机"，需要大量的工程师从源头开始设计出符合各自产业规律的资源循环生产线，以形成不同产业之间能量利用的协同关系，再经过千万次细节的迭代，最终掌握产业链上的全部知识，形成人类完整的生态圈经济链条。

中国不仅拥有完整的现代工业门类，是全产业链国家，还可以建立一个更加强大的循环经济工业系统，降低对新生产原材料的需求，实现真正的生态文明。

循环经济是真正的高科技工业门类,其在地理上的布局需要进行完整的规划和产业协调,政府部门和生态圈链主企业需要成为产业赋能中心,并需要有科学的财税体制来激励企业主动解决问题。

生态圈经济是一种高起点的节约型经济,因此在回收生产线上,需要智能机器人来完成原材料的精细化分类。同时,需要科学设计,才能不造成二次环境污染。使用绿色能源系统构建绿色循环经济,是巨大的系统性技术挑战。

在数字中国规划中,循环经济可以将产业废料和垃圾变成财富,再转化为资产,进行战略储备,推动经济的可持续发展。传统经济发展方式主要依赖自然资源的开采和消耗,随着全球生态环境的恶化和自然资源的日益枯竭,这种经济模式已经逐渐失去了可持续性。而循环经济则依靠资源的再利用和循环使用,最大限度地降低资源消耗和环境损害,实现了经济发展和环境保护的双赢。

理念很好,但需要组织执行团队来推动,以将整个循环经济和生态文明建设的构想变成一个智能的产业互联网,使得千万家企业能够在一个整体生态中将自己的工作做实做透,同时培养出大批的循环经济领域的产业经营人才和管理人才。

在《规划》中,强调"强化人才支撑。增强领导干部和公务员数字思维、数字认知、数字技能。统筹布局一批数字领域学科专业点,培养创新型、应用型、复合型人才。构建覆盖全民、城乡融合的数字素养与技能发展培育体系"。

在未来,循环经济可促进资源的节约。传统经济模式是"采、用、丢"的线性过程，导致消耗了大量的资源，而大部分废弃物又被直接排放到环境中。而循环经济则可以通过回收、再利用和再制造等方式将资源实现最大化利用，从而有效地减少资源的浪费，降低资源的开采成本，提高资源的利用效率。

循环经济有助于提高企业的竞争力。随着全球竞争的加剧，企业需要不断提高自身核心竞争力才能生存。而循环经济模式则可以帮助企业实现资源的最优配置和管理，减少成本和环境风险，提高企业的综合竞争力。

在未来，生态文明发展的大目标需要在循环经济的大生态下进行目标细化，将国家战略变成千千万万个具体的目标，而这些目标的视线，最终就归结为一句话：绿水青山就是金山银山。

第七章
数字中国和城乡空间审美

•数字中国：赋能数字时代中国新质生产力

1. 数字中国和诗意栖居

数字社会的未来，让一个地区竞争力不再仅体现在某几个产品上，而是看这个地区能不能提供一种更加美好的融合了生活理想和事业理想的生活方式。世界未来的竞争焦点会转移到这里，数字社会的本质，就是将全世界的生活方式放到一张桌子上，供整个数字空间里的人来评判，下一代的创业者，其关注的市场，已经是一种生活方式的市场，能不能够将所有的因素融合为一种生活方式，已经是非常重要的竞争能力了。

数字社会中人们对于事业理想的追求也越发强烈。在数字时代，人们注重工作与生活的平衡，并渴望在工作中获得更多的自我实现、成就感和价值认同。这就需要地区为创新、创业者提供更加优质、更加多元化的创业环境、政策支持和资源保障。例如，建立开放包容的创新创业生态系统，营造优良的创新创业氛围，提供投资融资、科技人才等各方面的支持，从而促进地区经济的长远发展和多元化成长。

在数字中国规划下，我们如何去践行这样的国家战略，还需要一种"以人为本"的思维。正如在企业层面上，任何经营者的经营准则都需要做到以用户为本，在数字中国的战略下，整个发展理念就是以建立"中国人的美好生活方式"为准则。在此基础上，我们的思考是多层次的，既有企业组织层面的作为,也有城市、小镇和乡村空间发展的再升级、再思考。

数字化技术在中国社会和经济中的广泛应用,将带来巨大的机遇和挑战。未来数字中国需要考虑人的需求和空间的匹配过程,这种理念源于传统中国哲学"逐水草而居"的人文理想。

现代产业经济发展过程中,资源分布不均衡导致了产业的过度集中,由此加剧了城市化进程所带来的生活问题,影响了人们的生活质量,使人们感到无力、沮丧,这也是当今社会中一个重要的问题。现代城市环境设计师需要考虑如何创造更加平衡、可持续、宜居的城市环境,满足人们对地方的归属感和安全感的需求。设计师需要以人为本而不是以经济利益为主导,关注人们的需求和人们生活的环境,为人类创建一个多元化、包容性强、互联互通和平等的城市生态系统。

要实现这一目标,城市环境设计师需要采用先进的数字技术,如智慧城市、物联网、人工智能等,来提高城市的可持续性和效率。帮助城市管理者实现有效的资源分配、较高的公共服务水平、良好的环境和整体居住体验。

数字社会的发展,就是要解决"人怎么在这里生活才快乐"的问题,并围绕此营造一个诗意和文化氛围浓厚的生活环境,让人实现"安居乐业"的永恒理想。

对于诗意栖居的理念,用资本思维来解释它,肯定是解释不通的。城乡空间审美理应是多元的,不是所有的大中小城市都是一副面孔,所有的建筑和居住在建筑中的人都说一样的话、过一样的生活,整个城市就像一家集团公司一样，并非如此。在数字社会下，小镇和一些环境优美的小城市，需要认识到自己的生活价值，不能妄自菲薄。须知，数字社会正在重构人们的生活方式，人们能够利用数字中国建设逻辑下所营造的信息社会的基础设施为自己赋能。从而实现即使自己身在小城市，也能够去做以前只能在一线城市办公室才能完成的工作，这是一种真正的平权方式。改变了先进与落后的观念，契合了"绿水青山就是金山银山"这个伟大的理念表述。

　　社会思想家里夫·金在一次演讲中说了这样一句话："自然界没有所谓的增长，只有繁盛。自然界没有所谓的生产力，只有再生性。自然生态系统的力量来自于其多样性，使其面临气候等事件更有韧性；多样性不够的话，就无法针对变化作出调整。"

　　社会发展，就是要让人有更多的生活选择，自然遗产属于活在这个国家的每一个人，而在山山水水的现代世界里，好像和人之间产生了分离。而有一部分人，在一生之中会有一种旅居的内在需求，数字中国的未来，需要满足这样的需求。人类生命是一个过程，想要一个诗意的栖居，人就应该自觉处理好人与万物的关系，数字中国规划，就是为"万世开太平"的系统努力。

2. 保护、传承和创新

数字中国和城乡空间审美的主题表述，其实就是以一种打造美好生活空间的思维方式去看待城市和远在山野的小镇，然后在进行价值核算时，将自然遗产和人文遗产都算进去。经济观察家知道，一旦算账的方式变了，从生态经济和绿色经济的视角，自然遗产和人文遗产就不是一种落伍，而是另一种富足。

中国西北、西南有很多独具特色的民族文化聚集区，而且，中国很多地区拥有自己的独特地貌。这些文化遗产和自然遗产，在经过系统的盘活之后，经过保护、传承和创新，可以建立起一种无限循环的发展模式。这样的发展模式，具备诸多自己的特点：一是建立在自己的自然禀赋基础之上；二是以创意经济为核心重新组织资源；三是不必以一线城市的发展模式为准，也不必瞄准有世界级竞争力的高科技企业。文化和文化空间本身就是生生不息的财富形式，这些地域要做的事情，就是在数字化的大潮之下，运用数字化的运营规律，将自己的特色空间和生活方式推向全中国、全世界。

在《数字中国建设整体布局规划》中，我们看到如下内容：

打造自信繁荣的数字文化。大力发展网络文化，加强优质网络文化产品供给，引导各类平台和广大网民创作生产积极健康、向上向善的网络文化产品。推进文化数字化发展，深入实施国家文化数字化战略，建设国家文化大数据体系，形成中华文化数据库。提升数字文化服务能力，打造若干综合性数字文化展示平台，加快发展新型文化企业、文化业态、文化消费模式。

在国家战略层面，虽然现在很多文化特色城市和城镇的建设正在推进中，但还缺少整体的文化产业互联网及整体数字智能化系统的战略支撑。现在，随着多元数字文化的崛起，在不必大兴土木的基础上构建全数字化的消费流程和监管流程，提升本地本区域的数字治理水平，让这些地域形成生活方式中心，是数字中国规划带来的发展机遇。

美国社会思想家詹姆斯·卡斯在其著作《有限和无限的游戏》中说，有限游戏基于规则和赛场，存在赢家，输赢分晓之后，游戏就结束了；无限游戏则是让游戏本身无限延续下去，在游戏中没有赢家，也没有输家，只有无限延续下去。人类社会的经济需要无限的游戏模式，因此中国经济不是要成为短暂的赢家，而是在无限的未来，为人类找到可持续发展的道路。

发现文化空间，构建并创意文化空间，实现创意人才的聚集，这就是一种无限循环的游戏，这样的经济模式是跨越周期的，具有积累性和传承性。同时，这又是一种弥足珍贵的可持续发展模式，可以让人通过在空间的体验和体悟来获得生活的满足。旅居、离开、再旅居，再离开，通过这样的方式让区域和外部世界紧密联系在一起，这种关系本身就具备无限的价值。

我们认为，一些特色文化区域的数字化发展之道，在于对自然遗产和文化遗产的保护、传承和创新。这是一个简单但需要长期坚持的方法论。特色文化区域的数字化发展之道已成为各地推动文化遗产保护与创新发展的重要途径。数字化手段的运用不仅在于实现了传承和保护自然遗产与文化遗产，同时也实现了文化资源的数字化存储、共享和利用。

数字化手段对于自然遗产的保护和传承起到了积极的作用。比如在一些自然保护区内使用无人机进行巡查，可以有效监测野生动植物的情况，及时掌握保护区内动植物的信息；在文化遗产方面，通过虚拟现实技术，将历史建筑、文物等复原成三维数字模型，不仅便于保存，同时也让更多人可以近距离观看和学习。

数字化手段的应用还能促进特色文化区域的创新发展。通过数字化手段的知识、技术分享，以及创新的落地，有助于推动特色文化产品的开发和创新，满足不同消费者的需求。同时，借助互联网等数字化平台，宣传特色文化和旅游资源，很好地促进特色文化区域的旅游发展。

文化发展模式是一种近乎永恒的发展模式，我们创造了一种文化，这种文化就不会轻易被消灭，而且，在数字化时代，这样的文化可以展示给全世界，让文化走到数字前台。因此，希望有更多的人才投入这项事业。

创造文化是有巨大价值的，随着时间的推移，会显示出其巨大的跨越大周期的影响力。伟大女性蕾切尔·卡逊在其著作《寂静的春天》中表达了人类的杀虫剂对于环境和鸟类的危害，认识到人类的活动正在残害万物以及自己的未来。这部著作成为人类全球性环保思潮的起点，她也因此被誉为"人类的环保之母"。这是巨大的荣誉，环境保护的理念一旦被提出，便会一直伴随人类的发展至人类文明的尽头，这就是无限游戏的价值。其他的文化也是如此，凡触动人心，让人提升生命活力的事情，都是穿越时间的事情。

基于文化资源的循环经济模式，不会过度损耗本地资源，否则就不称之为循环经济了。而且，人类的经济发展模式一旦进入循环经济，并为之采取系统行动的时候，就意味着人类找到了永恒之路。

3.数字时代的世界办公室

把生存环境弄好了，即使一个西部小镇，也可以成为人们的生活中心，可以吸引全世界的人到这里生活，或者生活一段时间。因此，所谓的国家合作，也可以在一个小镇里发生，比如达沃斯的发展模式就是如此。

数字中国在未来带来的生活方式的变革，对于上一代固定地域的生活者来说，简直是不可思议的事情。正如工业时代的工厂将人从乡村集中到城市和大社区中，现在数字技术的发展，正在将一部分服务业的管理架构进行拆解，人不需要再聚集在城市中央商务区，而是分布在任何地区的各个角落，这便是技术思想家所构想的未来的主要生活方式。

有一种新的生活方式，叫作"数字游牧民族"。实际上，他们是在赛博空间完成工作的人，可以通过数字化进行项目交付，对地理环境并不依赖。

上一代的管理者非要将员工固定在办公室，以维系一种组织可控的幻觉，而在数字时代，更多的数字游民则是和公司组织形成一种项目式的合作关系，或者一种新约定的雇佣关系。这些数字时代的数字工作岗位，和在家办公、远程办公、移动办公一起，成为一种生活方式。

实际上，20世纪90年代末就有一个预测，"技术可能会让社会回归游牧的生活方式"。从今天的数字智能社会来看，生产者和消费者的空间同一性已经分离了，在世界各地，都出现了一些文化生活城市的城市新定位，就是成为"世界办公室"。通过创造良好的低成本生活环境，开放"数字游民签证"，吸引专业人士到该地来办公生活。

在数字中国的规划中，含有最大的开放性，《数字中国建设整体布局规划》中说："构建开放共赢的数字领域国际合作格局。统筹谋划数字领域国际合作，建立多层面协同、多平台支撑、多主体参与的数字领域国际交流合作体系，高质量共建'数字丝绸之路'，积极发展'丝路电商'。拓展数字领域国际合作空间，积极参与联合国、世界贸易组织、二十国集团、亚太经合组织、金砖国家、上合组织等多边框架下的数字领域合作平台，高质量搭建数字领域开放合作新平台，积极参与数据跨境流动等相关国际规则构建。"

很多城市，如桂林，就可以借助数字网络，创立基于数字游民的服务平台，再根据本地优势，形成一个国际移动办公城市，吸引一线人才到此办公生活。这是一种城市协同工程，其背后的行动其实是一种发展观念的

数字中国：赋能数字时代中国新质生产力

根本转变。

数字中国的未来，不仅要推动中国中心城市的数字智能化发展，构建高水平的产业互联网和覆盖性的办公网络，还需要让企业组织以开放的心态去直接和世界各地的人才对接，让世界各地的员工或者项目合作者能够在一个公司平台上进行协作。以前，这是大企业才敢想、少数企业才敢做的事情，现在，在数字技术让人们摆脱了对工作的地理环境依赖的情况下，中国迎来了作为"世界数字办公室"的历史机遇。

我们在前文已经说过，行万里路的旅居生活是下一个消费社会的刚需，我们之前的思维方式就是让产品和服务走向海外，但数字时代的竞争，基础单元已经变成了生活方式的竞争。那些文化和自然遗产丰富的城市和古镇，一旦实现了生活空间化和办公空间化，就会吸引一批批数字游民[①]前来居住和办公。而这些人能够带来新的理念和新的生活方式，让这些城市和古镇实现与外界的交融和连接，从而进一步扩大这些城市和古镇的影响力，因此成就其"世界办公室"的地位。

世界办公室的新定位，意在打造外需的载体，通过其将人吸引到中国，让中国成为一种办公目的地和生活目的地，从而拉动消费，促进国内经济发展。笔者觉得，在面对未来新一轮数字社会变迁时，中国赶上了这一波消费迁移的大潮，就不仅要成为世界的"工业中台"，还要成为世界的"数字中台"和"办公中台"。

中国一些城市可以通过构建生活空间和事业空间，吸引世界人才落地生活。根据一些产业专家的模拟估算，未来世界会有10亿人摆脱地理因

[①]《数字游民："游牧"人生如何才能过得精彩》，北京青年报，2024年3月25日。

素，展开数字工作，这对于中国的乡村城镇的振兴是一个巨大的机会。

数字中国对于中国很多文化地域来说，可能又会出现"万国来朝"的大场景，原因当然是中国领先的基础设施和数字服务能力，能够给世界提供良好的公共产品，如良好的社会治安、极低的犯罪率、友好的生活环境、良好的社区氛围等。因此，中国的一些具有文化特色的城市和乡镇，应该牢牢把握住机遇，借助数字智能技术，努力把自己打造成宜居宜办公的环境优美之地，吸引世界各地的人前来生活和工作。

4. 空间创意的目标、方法和行动

中国数字社会的建设，乡村和城镇将拥有巨大的打造空间。我们之前将农业农村区域看成一个单一的农业产业区，现在再回过头去看的时候就会发现，那是中国社会经济一个巨大的多功能区域，是人与自然接触的地方，也是多元生活方式的蓄水池。

在《数字中国建设整体布局规划》（以下简称《规划》）中，我们看到如下内容："构建普惠便捷的数字社会。促进数字公共服务普惠化，大力实施国家教育数字化战略行动，完善国家智慧教育平台，发展数字健康，规范互联网诊疗和互联网医院发展。推进数字社会治理精准化，深入实施数字乡村发展行动，以数字化赋能乡村产业发展、乡村建设和乡村治理。普及数字生活智能化，打造智慧便民生活圈、新型数字消费业态、面向未来的智能化沉浸式服务体验。"

《规划》提供了一种顶层的设计架构，乡村和城镇在数字化基础上形成特色的生活文化空间就成了一种趋势。数字化技术的广泛应用，不仅改善了人们的生活质量，同时也带动了各地区之间的产业转型和经济发展。

数字化建设推动了城乡之间的良性互动和交流。城乡互建是另外一条发展出路，这样的互建道路，在一些对空间有要求的战略产业领域，可以进行提前布局。比如核心医疗系统，目前还主要布局在核心城市，但随着数字医疗的发展和壮大，恢复和康养系统就可以布局在核心城市附近的中小城市和乡镇，以形成一种更低成本的医疗康养系统。

数字医疗的发展，让远程医疗越来越受到人们的重视。这也是核心医疗资源和一般治疗与康养体系可以在地理上分离的原因。

数字化医疗的进步为远程医疗提供了更多的应用场景和可能性。数字化医疗技术包括人工智能、大数据、云计算等，这些技术可以远程帮助医生快速准确地作出诊断，同时也能够实现个性化诊疗方案和高效率的管理。

在中国，许多大型医院推出了相关远程医疗平台及服务，让居民和患者可以在线咨询医生，获得安全、快捷、及时的医疗服务。此外，远程医疗还可以帮助患者实现家庭护理，为残疾人和老年人提供了更方便的就医服务。

中国的康养和养老空间，将逐步向城镇和乡村转移。随着社会经济的快速发展，中小城市和乡镇的人口数量也在逐渐增加，这些地区的医疗服务需求也随之增强。但由于各种原因，这些地区的医疗资源相对不足，医疗服务质量也存在较大的差距。此时，恢复和康养系统便成了一种更低成本的医疗康养方式。

恢复和康养系统是以健康管理为导向的医疗服务形式，其目的是促进患者身体的恢复和身心的康复。与传统的治疗方式不同，恢复和康养系统更加注重全程护理、个性化服务和预防保健等方面，且这种服务的成本较低，能够适应中小城市和乡镇地区的实际情况。将恢复和康养系统布局在中小城市和乡镇，不仅能够满足地区居民的医疗需求，而且还能够促进当地医疗事业的发展。另外，这种方式还能够减轻大城市的医疗压力，分流一部分患者，从而提高核心医疗系统的效率和服务质量。

空间迁移思维，是数字化带来的服务能力的扩张。工业经济是集中化的，巨大的产业园区形成完整的配套体系才能进行高效能服务，反观数字化智能服务，则是赋能个人的，在产业表现上，呈分散的趋势。这样的空间迁移思维方式，给一些中小城市和乡镇的产业布局提供了新机遇，数字化建设可以为城镇和乡村提供更便利、高效的公共服务。同样地，在乡村，数字化技术的应用也可以方便地实现诸如医疗卫生、金融服务等公共服务，让居民享受更加优质的生活。而那些扎根在乡村的中高端服务业者，也能够在大幅度降低生活成本的同时不降低服务能力，这从经济学角度来讲，是一种生产力的提升。

以上仅仅是一个医疗康养领域的简单构想，数字化基础上的空间置换和迁移是一种思维方式。此外，一些特定的地方有很高的文化创意价值，而这些价值的产生，并不一定如我们通常认为的那样是基于深厚的历史积淀，就像北京的宋庄，现在已经是世界上最大的艺术家聚集区了；而同样的逻辑也发生在风景秀丽的湖北省房县艺术区。如果说北京宋庄艺术区的成型，是因为北京的边缘运作成本更低，那湖北房县艺术区的形成，则是数字化时代发展模式的一个缩影。

以前，艺术展览都聚集在一线城市和其他省会城市，但现在一个县级城市之所以也可以成为艺术中心，原因在于，文化创意产业已经开始被数字化逻辑所主导。因此，一家县城展览馆，照样能够通过数字技术将文化创意内容推送到全世界。而且，艺术思想和艺术故事的表达，也主要在数字空间里展开。未来的中国，资源均质化的时代正在到来，在今天看来稳如泰山的系统，也会随着数字智能化的深入发展，逐步消除差距。

数字化建设使得城镇和乡村之间的联系更加紧密。随着信息与物流的畅通，城乡之间的距离被缩短了，各自的特色文化也得以互相传递和融合。例如，一些城市会开展乡村旅游项目，让城市居民去体验农村的生活方式，品尝农产品，针对此，一些乡村地区可以结合自身特色文化，开展旅游项目或者本土特产销售等产业，实现生态与经济的共赢。

通过数字化技术的应用，城镇和乡村不仅可以实现更加便捷的公共服务，同时也可以促进彼此间文化的融合，在未来的发展中，数字化建设必将为城乡的人们带来更多的机遇和创新空间。

5. 最好的空间是与人交心的空间

有人说，未来的服务业还需要进入一个转型升级的过程，从一般服务业走向精神服务业，尽管只是叠加了一个词语，却反映出了消费结构发生的巨大变化。消费需求的迁移,是市场转型的风向标。

有一些数字工作者会在某一个地域建立起新聚集区。他们通常会在招募告示中写明:不要"十分江湖、老奸巨猾"的人入驻,并成立委员会进行投票,将价值观迥异的人排除在新建社区之外,在新建社区里,他们力图建立一种保持天真和自由的协同文化,以此来创造一个让自己生活舒服的环境,并通过选择人,来构建一种"归属感"。他们秉持的理念是:最好的空间是与人交心的空间。可能对于这些数字工作者来说,利益关系都在远方,近处都是友情链接形成的新社团。因此,这些带有"功能隔离的新社区",能够形成一种和谐的氛围。

这是一种以生活方式构建的新型社区关系。在今天的主流观察者看来,这些都是边缘生活方式的探索者,事实上,对于数字原住民来说,这些正在成为下一代人的主动选择。

年青一代的工作者和老一辈人所处的环境不同,新一代人对于工作环境提出了更多的要求,这促使一些景观和乡村规划师在启动项目的时候会思考"空间和情感"的关系。上一代人思考的"灵魂和身体在空间上不统一"的问题,需要在数字化条件下找到一个折中的方案。这个折中方案既不在大城市,也不在自己的家乡,而是另外一个自主构建的空间。

自主构建的空间基于一群喜欢的人,这在上一代人看来,是办不到的事情。人们对于同人、同事关系事实上是无法用几句话进行表述的,复杂的人际关系,给工作中的人带来了更大的精神压力。事实上,人从一份工作中离开,多数情况下都是因为人际关系和精神内耗。原因解释起来当然是很简单的,人在企业组织中已经是一个资本化的人,因此,一切行为都是可以计算价值和价格的，包括健康这种本来不能够被资本化的领域，这样的环境是人立足组织的基础，人不能够完全逃避这种关系。因此，这些新一代的数字工作者就作出了一个区分，这种区分，在于人能够将自己放在多元空间而不是单一空间中构建新型工作空间，实现生活、工作空间的总体和谐，这成为很多人的生活方式。这种对于去资本化的新工作、生活环境的追求，并不仅仅局限于中国，事实上，这也是全球性的普遍需求。这是一种思潮，也是中小城市和文化特色乡镇的机会。

因此，在数字智能化社会，我们会看到不同的环境需求，在之前，我们的生活环境主要考虑到居住社区以及商圈的方便性。而在今天，间歇性离开压力环境，寻求精神空间的自我疗愈，或者在新的空间里寻找精神服务业的支持，这些都是需求。

"最好的空间是与人交心的空间"，这也是空间设计师的话语。数字化时代，人的工作和地理分离，使得空间经济成为一些生活方式和低成本生活环境城市的机会。从经济学视角来分析，人依然存在趋利避害的本性，在不同地区之间，用一线城市的收入到生活方式更好的三、四线城市生活，不仅可以降低生活成本，还可以缓解精神压力。

空间经济是一个框架性的概念，因此我们在谈及空间经济的时候，需要进入结构细节，才能对数字化条件下的产业进行分析。

首先，区分功利性社交需求和非功利性社交需求。如果我们将办公室和工作社交场景定位为一种空间形式，那么，基于非功利性需求的社交场景在扩大。这样的需求变迁，影响着一大批企业的业务模式设计，满足非功利性需求的社交领域，是新消费的主要场景之一。

当代社会中，人们的生活空间设计越来越受到重视，这是因为越来越多的人意识到自己的身心健康与舒适感受与其所处的空间息息相关。近年来，精神服务业崛起成为一个备受关注的话题，尤其是在社会压力不断增大、人们心理健康问题日益凸显的背景下，精神服务业的发展具有越来越重要的意义。

不仅仅在中国，美国也是一样，在大城市边缘的康养区域中，冥想产业每年能够带来百亿美元的收入。而这些产业的服务对象，都是在功利场景中竞争最为激烈的一群人。笔者举这个案例，就是从空间经济的视角，研究空间对个体情感和行为的影响。事实上，在冥想产业的空间环境中，这里构建的语言系统和安静内心的疗愈过程，都是和职场文化截然相反的。冥想空间场景中，排斥功利性的语言表达方式。

空间经济系统设计的基本原则，是建立一整套和非功利模式相联系的审美观，将一些连接自然、连接古今的自然经济和循环经济理念，灌输到环境中，让空间成本、空间形象和情感氛围的营造成为考虑的必然因素。因此，将来，空间规划和功能划分、空间元素和布局设计、形象和氛围对空间情感的影响等，都是新经济系统需要考虑的问题。

精神服务业的崛起，恰恰是中国巨大基础设施投入消除了地理差别的结果，高铁消除了地理上的距离感，数字智能化时代信息无损沟通模式的实现，也消除了地理感。人们不再只关心身边的事情，而是在超越地理因素的基础上重新思考、重构自己的生活。随着信息时代的到来和消费需求的转变，未来的服务业需要进行转型升级，从传统的一般服务业向精神服务业转移，以满足人们日益增长的精神需求和文化需求。

精神服务业强调满足人们的心理需求、文化需求和其他非物质需求，涉及的领域包括教育、医疗、艺术、文化、娱乐等。随着人们生活水平的提高和消费观念的转变，越来越多的人开始关注自己的精神健康、文化修养和生活品质。这种变化已经成为市场转型的风向标，促使服务业向精神服务业转移。

精神服务业的崛起是一个不可逆转的趋势，我们应该充分认识到其发展的重要性和必要性，支持并参与该产业的建设。同时，各级政府和相关部门也应该采取措施、制定政策，推动行业规范化、专业化，促进精神服务业不断向前发展。

创造与人交心的空间，这是一种重新部落化的群体行为，也是陌生人社会中按照价值观和生活观的追求所形成的一种新型数字社区。这些新社区里会有不同的对于人生价值的评价标准，将人的可持续发展和环境的可持续发展协同起来，通过空间设计创造更加人性化的环境，凸显设计和变革趋势的未来。

6. 交流与融合促进内生价值生成

《数字中国建设整体布局规划》的背后逻辑，就是通过前瞻性的数字基础设施的构建来消除发展差距。数字基础设施就是消除地区发展差距的强大支撑，在客观上，一个专家工作室落点在一个文化小镇，这不仅是专家的生活机会,也是小镇的机会。无数新的业态就在这样的交流和融合中产生了。

这些数字游民的旅居区域和空间,需要和本地资源形成一种交流关系,这种跨地区跨文化的交流,往往是社会创新和商业创新的源泉。

旅居空间和特色小镇的建设,如果不和数字智能化大趋势结合在一起,用全球化思维、全球服务能力构建一系列宏观、中观和微观结构,那么就很难在一个点上布局,去完成一个城市和乡镇"内在价值"的创造。

在数字时代,一个城镇的建设和定位要和全世界的大势关联,这在之前的时代是不可思议的事情。就像乌镇这个古镇和"世界互联网大会"关联,这看似是一个个例,但其逻辑,却是数字时代的发展新逻辑。一个数字时代的小镇需要重新思考自己和世界的关系,数字化逻辑是全球性的,任何一个小镇也都是全球性的小镇。

不可否认,大城市是我国大型生态圈经济的根基所在,世界级的资源在此交会,发展大城市是国家大战略,但殊不知,几千个县城和大一点的乡镇才是真正的中国。因此,在现有条件之下,如何将数字时代的发展成果实现普惠,是未来社会经济发展面临的大问题,而直面问题,解决问题,就是最大的机会。

在此,我们可以引入一段文字,看到这种从点到面的战略期待,《数字中国建设整体布局规划》中指出,要优化数字化发展环境。建设公平规范的数字治理生态。完善法律法规体系,加强立法统筹协调,研究制定数字领域立法规划,及时按程序调整不适应数字化发展的法律制度。构建技术标准体系,编制数字化标准工作指南,加快制定修订各行业数字化转型、产业交叉融合发展等应用标准。

这样的规划描述，既适合大城市的数字化战略，也适合小城镇作自己的发展规划。现在，在很多世界级品牌企业中已经诞生了一种新的岗位，叫作"世界观构建师"。一个大企业，为何需要构建一个完整的世界观呢？其实这是数字时代的内在要求。

一个城镇就是一个平台经济，我们需要从整体来思考小镇的未来。小镇想要产生内在价值，承包一种生活方式，好的世界观十分重要，而且越来越重要，这也是区域品牌和文化的深层次塑造模式。世界观本身就具备平台的属性，也是和世界对话的最好方式。

将一个城镇当成一个组织社区来从整体上进行运营，通过移植世界级企业的品牌和世界观的塑造理念，帮助城镇在数字时代找到自己的机会。这便是世界观构建师的职责。从企业层面来说，这个职业的出现，意味着数字时代一些新事物的到来。在过去，企业文化一直被认为是流于表面的东西，很少有人真正关注它的深层次意义。然而，现在，随着社会的不断进步和消费者、员工的日益成熟，企业文化和价值观已经成为衡量企业成功与否的重要指标之一。有了世界观构建师这样的职业和人才，企业可以更加清晰地传达自己的核心理念，同时也能更好地吸引到与自己文化相符合的员工和客户。

放到旅居空间和小镇建设的框架之下，上述逻辑也是行得通的。在中国，世界观构建师这个职业还比较新颖，但随着城镇文化和价值观在国内的不断普及，笔者相信这个职业将会得到越来越多人的关注和重视。因为我们需要的不仅仅是表面上的口号和标语，而是一个有深度、有温度、有感染力的城镇文化,这样的目标,只有在世界观构建师的帮助下才可实现,从而达到真正激发社区创造力,推动城镇持续发展的目的。

人来了,将人安定下来,带来更多的人,在更多的人里选择更优秀的人,共创一个未来,这就是数字时代小城镇的发展新逻辑。之前,我们认为居民就是固定在一个地域的人,但现在旅居时代开始了,硅谷和深圳的创新者,也需要找到一个适合自己居住和工作的地方,考虑如何融入当地社区文化,如何与当地资源形成良好的关系等。毕竟,工作是一种选择,生活是一种必然选择。有些旅居者喜欢居住在繁华都市中心,享受城市的文化氛围和便利设施;而有些人则更愿意选择宁静的乡村或海边小镇,远离尘世的喧嚣,过简单自由的生活。但无论是哪种选择,旅居者都需要在旅居区域和空间中感受到归属感和安全感。

对于中国绝大多数城镇来说,不仅需要为旅居者提供安全舒适的居住环境,还需要满足他们日常工作和生活的基本需求。发达的物流网络直接通达,也为未来中国无数崛起的数字小镇做好了充分的准备。旅居区域和空间是非常重要的,中国的基础设施构建已经达到了数字社会的要求,筑巢引凤,剩下的只是路径问题。

我们看到大城市依然在资本化的路径上狂奔,这是大城市的定位决定的,毕竟,我们处于知识时代,大城市依然是科技创新能力的聚集区,这是大城市必然的功能之一。因此,科技创造者需要在这里继续聚集碰撞交融。而由于小镇没有大型科技企业紧密协同运作的要求,因此其世界观的定位肯定和大城市的不同。

很多小镇的世界观定位,是自然主义的,思考的是人的一生该如何度过，小镇世界观并不深度思考人们如何在自然环境中获得更大的财富，而是认为好的自然生活环境和人文生活环境就是财富本身。从资本视角看，小镇话语就是一种"退步"。但小镇世界观的这种基于循环经济思考和自然主义的结合，确实能够增加人的幸福感。因此，在某种程度上，大城市和小镇的世界观是彼此依存的，互为对方的"诗和远方"。

小镇旅居者需要与当地社区和资源建立良好的互动关系。跨地区、跨文化的交流不仅可以提高旅居者的文化素质和语言水平，还可以给他们带来新思维、新视野和新商机。

旅居者在与当地人员的交往中，可以了解到更多的文化背景和社会习惯，拓展自己的社交圈子，同时也可以将自己的技能和经验带给当地社区，实现资源共享和合作创新。这种跨地区跨文化的交流，是社会创新和商业创新的重要源泉之一。

积极推动旅居者与本地社区和资源的交流与互动，搭建跨界平台和交流机制，促进双方的合作和发展，只有这样，才能真正实现旅居者和当地社区的共赢发展，推动数字化时代的可持续发展。毕竟，这就是新时代消费者，小镇的顾客，需要得到的足够的尊重。

第八章
中国数字生活新时代

1. 智能化时代的心理压力和文化冲击

数字智能化社会对于当下社会的改变，在绝大部分场景中是进步的表现。但任何系统性的事情，都是一体两面的，在社会内部也会产生一些意料之外的冲击。如何看待和化解这些冲击，是一个时代的大问题。

数字化社会的建设已经有了半个世纪的时间，现在中国已经进入了数字化叠加智能化的时代，智能时代是一个加速的过程，变化周期可能只要10年，就会有一个质变，这意味着一个人的职业生涯里，可能会有几次职业的转换，这对于刚进入智能时代的我们来说，是一个非常大的挑战。

智能化时代给人带来的心理压力是巨大的，人的专业能力被机器超越，会产生一种群体沮丧感。围棋就是如此，无论人类棋手多努力，在自己的上位，总有一个更好的智能棋手，如此从事一项事业的意义感就丧失了。可见，智能化时代会带来一种非常大的文化冲击，从社会精英到大众群体，人们都害怕这种失控时代的到来，恐惧自己变成人工智能面前的低智能者。

数据资源带来的创新体系，是一种螺旋加速的系统。大量的产业专家已经确定，数字智能引领的发展已经成为主导引擎。对于很多人来说，数字鸿沟还没有迈过去，智能鸿沟就来了。

事实上，科技的进步无疑为我们的生活带来了许多便利和改善，但它并不是解决所有问题的万能钥匙，数字社会需要更多超越性的制度设计，有些问题，只能从根子上去解决，比如公司制度的未来，需要引入新组织制度来促进平等。人们认识到，不平等问题与人们在社会中的地位、财富、权力等方面的差异有关，而这些问题不能完全依靠科技手段来解决。

因此，数字生活，需要更多的体制创新的保障。数字体制的建设和探索其实就是"重大问题"。

《数字中国建设整体布局规划》中写道：（要）健全体制机制。建立健全数字中国建设统筹协调机制，及时研究解决数字化发展重大问题，推动跨部门协同和上下联动，抓好重大任务和重大工程的督促落实。开展数字中国发展监测评估。将数字中国建设工作情况作为对有关党政领导干部考核评价的参考。

数字社会发展想要解决不平等问题，需要采取多种综合措施，包括提高教育质量、增强法律保障、完善社会福利制度、推进多元文化融合等。经济在发展，但社会焦虑气氛也在加重。中国人在健康、寿命、财富、教育和科学等方面取得了巨大进步，但仍然存在许多问题和挑战，这些问题和挑战导致人们愈加焦虑。

人们不仅担心现在的生存和发展条件，也会担心数字智能化会不会吞噬掉自己的未来；人们担忧占据优势的智能型平台会不会赚取更大比例的财富，导致不平等加剧；社会改变和技术发展给人们的社交生活带来了很多新的挑战，使得人际关系变得更加复杂，这让很多人感到孤独、焦虑和失落；人们也担心自己一旦失去健康，也就失去了一切。这些焦虑放在一起，就有大量的心理问题出现。

数字智能对社会、经济、心理、人文等层面带来巨大冲击，因此，在发展的同时，在战略层面上，也需要提出一个问题，数字智能化发展的代价是什么？在万物互联的世界里，任何一个节点发生危机的时候，都可能引发连锁反应，这就是当下社会的现实。数字经济有其强大的一面，也有其脆弱的一面。在设计社会运作规则的时候，需要优先保障人们的生活方式和生活品质。因此，在有些领域，要敢于让事情发展得慢一些，稳固好基础。

数字智能化社会中，安全风险在看不到看不懂的地方发生，数字智能化意味着更多的数据传输和存储，这就增加了安全问题的风险，黑客攻击、数据泄露和病毒攻击等都可能导致重大损失。人们害怕自己被工具利用，被人工智能系统监视和监管。经济环境的飞速变化对于社会竞争来说是好事，但作为个体，能不能够承受这样的变化，是新时代的重大问题。

人们的担心是有道理的，大量的自动化工作不仅会替代蓝领工作，也会替代白领工作，尽管数字化带来了很多生活便利，但和失业相比，大部分人没有在短短一代人的时间内承受所有代价的心理准备。

因此，在数字智能化加速的当下，从国家战略层面到宏观、微观细节，需要为一种有保障的数字生活做准备。数字智能化带来的进步价值需要和人们生活方式之间形成一种平衡关系，数字技术的进步需要尽可能保障人们生活稳定，收入提高，生活成本降低。

中国有广阔的多层次的经济体系，多梯度经济的好处在于，人们可以在新的条件下找到一个地理和文化上能够适应的新环境，并获得对于自己生活的掌控感。在一些地区，可以引入一种新的 GDP 计算方式，不必全国用统一的衡量指标。多元化的社会经济衡量指标，可以衡量在发展过程中人的幸福和尊严，缓解数字社会巨变期带来的种种社会矛盾，这是我们今天遇到的挑战。

面对数字化的未来，政府和其他组织的健全与创新考核方式，也是解决问题的根本之道。

2. 情感资产的构建和有序竞争

数字智能社会已经到来，我们今天所熟悉的生产消费结构必然会遇到一个适应性的问题。100 年前，美国社会学家马克斯·韦伯说："人是悬挂在意义之网上的动物。"在温饱时代，人们对于生活的追求是简单直接的，但到了富足时代，人们对于生活的需求就像万花筒一样打开，这其实就是消费社会拥有更多经济物种的原因。可以这么说，在新的消费时代，人们购买的大部分产品和自己的精神需求相关联。

一个人对于一个城市和城镇生活方式的体验与感悟，就是情感资产的一种形式。一个人可能会因为一家民宿的经营者给自己留下了好印象，或者在度假过程中因为一次活动让自己感动而喜欢上了这个地方。

如果说这就是数字时代的产品，很多人对此可能不以为然，事实上这就是情感资产，一种存储在人心里的整体向往，不是具体的产品，胜过具体的产品。人毕竟是社会动物，需要时刻在心里守住一座城，这种看似感性的表达，却是新消费的一种体现。

人的情感中有一种依恋和心灵层面的触动。关于此，很多人文类的经济学家分析总结认为，现代人已经进入了情感消费时代，在消费中人所体现出的情感能力是新经济组织的核心竞争力，它可以帮助人们越过无数的理性计算思考，直接进行选择。中国的企业也好，城市也好，都需要从消费的情感层面来组织自己的资源，而且，也唯有如此，才能够赢得未来。

在未来，很多人将从产品生产者转变为"情感连接者"，当充当这样的角色的时候，事实就是在为一个城市和乡镇积累情感资产。这也被视为一个完整的生产活动，比如在一些地区，文旅部门和数字媒体合作，推出本地区的生活方式和审美观念，以吸引更多的人到此旅游。尽管这是一种早期的形式，但基于情感连接者的角色，文旅部门这样做可以很好地推动当地社会经济的发展和繁荣。

在我们看来，上述情感连接者的角色出现代表着精神服务业的崛起。精神服务业是以丰富人的情感体验和意义体验为主要目的，过程虽模糊，无法做精确的数据测量，但最后却能够满足人的心理和精神健康需求的一种服务。这也是情感资产的一般构建方式。

情感资产是在具体的生活场景和消费场景中产生的，而这些充当情感连接者角色的精神服务者都是场景设计师，他们以为旅居者创造不可磨灭的印象和体验为工作内容。当旅居者在精神服务者所设计的生活和消费场景中享受美好的体验之时，其便与精神服务者产生了连接，与这个城市产生了连接，而这也是情感资产产生的过程。

丰富的情感体验事实上是一种"体悟双赢",在场景之中的外在刺激,会带来极大的价值,比如,一场大规模的篝火集体舞蹈,就可能让人留恋一生。而这种体验一旦和城市特色文化产生连接,就会自然地融入这种特色文化中,加深这个城市的特色文化标签,进一步扩大城市知名度。这便是完整 IP 的互动演绎过程,也是新服务业的核心价值所在。

那么在一个小镇里,该如何去运营自己的 IP 呢？可以从迪士尼乐园的一些运营案例里找启发。如果设想小镇就是一个迪士尼乐园,那么经营者如何去经营自己的小镇呢？这需要一个统一的表达系统,需要有自己的价值观,需要描述小镇里面住的到底是些什么人,把小镇当成一个舞台,把每一个到小镇的人都当成一个舞台剧的演员。然后在这个小镇里制造有利于旅居者的天时、地利、人和,让他们喜欢这里。大概就是这样的一个运营过程,小镇的镇长可能就是这个小镇的首席运营官。

内生价值就是这个小镇不断吸引全世界的人到这里来消费度假。可能有很多小镇上的人会说,我们这里没有全球一流的资源,怎么能够吸引他们来到我们小镇呢？其实从文化运作来看,一个地方的发展,一开始并不需要有巨大的资源,而是需要一种从无到有的能力。在数字时代这是非常重要的经营能力。

那么一个数字小镇如何突出自己的全球竞争力呢？笔者认为,情感资产是脱离了物质因素独有的,且又跟人有关系的体验。一个小镇的情感资产可能是发生在小镇里面的动人的故事,且这个故事能够在互联网上自主传播,存在于人们的精神空间里。

在数字社会中,每一个中小城市和乡镇的发展,都需要找到自己独特的定位，关于此我们在本书里作过很多阐述。现在，一个中小城市和乡镇的运营必须作为一个整体来进行，碎片化运营是没有效率的。现在的城市和乡镇的运营者，要基于情感定位和情感资产，带着一种浓浓的、温和的、开放的文艺气息来运营自己的城市或乡镇，从整体上给旅居者营造一种文艺、浪漫、宜居的美好氛围，让旅居者在这里充分享受浪漫的旅居生活。这就是后现代浪漫诗意的栖居了，人们在这里又找回了诗意感性。

笔者在做一些城市和乡镇的文化咨询的时候，也有管理者问我，我们如何构建自己的文化元素，我们这里又不是文化城市？实际上，可做的文章实在太多了，比如种玫瑰都可以种成一个玫瑰之城。

一旦形成了独特的定位，也就形成了有序竞争。内生价值的好处就是它本身有持续的价值生成的能力，这就构成了一个城镇独特的整体的核心竞争力。人来人往，但是城镇的价值始终是恒定的，这便是文化发展和情感资产的积累所形成的一个发展的效果，也是我们在数字时代的追求。

3. 数字原住民和安人之道

目前全球已经进入数字化时代，在数字中国规划中，一个城市如何迎接来自世界各地的数字原住民，是城市管理者需要重点考虑的问题。

数字原住民会带来就业结构的深刻变革，在制造业中，基于人力资源优势的制造业业态会被数字制造业逐步替代，数字工程师成为制造业中主要的工作者，他们一方面是产品生产者，另一方面也是数据生产者，同时也可能是一个旅居者。

在工业社会向数字智造时代转移的过程中，会充满着各种机遇。首先，数据的生产和应用会主导中国经济的运行，那么，数字工程师的数据生产就成了很有价值的事情，毕竟，一个有价值的数据模块在进入数据资源库后，能够实现对于整个工业智能场景的升级和迭代。

其次，数字原住民理解数据生产者的价值和意义，这是主导性的生产资源，因此，在将来自觉的数据生产者将会成为资本市场和分配领域的主要受益者。

数据生产者和智能制造之间，事实上并不是连续的标准工作体系，而是作为一个知识贡献者的间歇性的价值呈现模式。因此，从事中国数字化智造工作的数字工程师也不一定是中国人，可以是全世界的工程师。在这样的数字生产关系背后，也隐藏着新的生活消费模式，那就是围绕数字原住民的生活方式来重构我们的公共资源系统，以满足数字原住民的生活需求，带动我们的经济发展。

住房、医疗和教育是数字原住民所遇到的现实生活问题，事实上，住房问题的资本化跟地理位置是紧密相关的。以住房带动其周边教育、医疗产业的发展，是工业时代典型的产业布局模式。但在数字化时代，除了危重病情，很多普通的医疗问题都可以通过远程医疗来解决，数字化智能医疗可以帮助旅居者在县城和小镇获得高水平的诊断方案。同时，在工业化时代被过度中心化的教育资源，在数字化时代，也会逐渐形成一个远程教育和高素质家庭教育相结合的趋势。此时公立学校也将开放远程教育系统，充分拥抱数字化教育。总之，在数字化时代，人们在县城、小镇和乡村，也能够获得高质量的医疗和教育服务。这些都可以进行先行试验，在数字化体系中着重培养具有内驱学习力的人。这就是数字时代的安人之道。

在世界范围内，工业时代的生活模式具有巨大的惯性，裹挟着数字时代的人继续前行，但现在我们已经发现了工业时代的旧系统和数字时代底层逻辑的矛盾性，生产力和生产关系，在数字时代正在被重构，数字智能化生产力正在重新在地理上分布人口和人才资源。在一盘数字化的大棋盘下，降低人的生活成本，本质上就是降低社会运行的成本。在整个工业时代，地理成本作为主要社会发展成本，需要在数字时代被弱化掉，让知识生产成为最主要的生产场景，这是未来世界的变革趋势。剑桥在地理位置上坐落于偏远的小镇，但它还是鼎鼎大名的剑桥，数字时代的意义就在于此。

对于数字原住民一代的生活方式的研究，应该是一个时代的课题。在过去10年的时间里，中国战略规划者早已按照数字社会的基本生产规律进行了这样的布局，如发展县城经济和特色小镇经济，实现星罗棋布、百花齐放的整体繁荣。

在未来，我们不能小看旅居的力量，因为它很可能就是改变世界的新力量。对于农业思维和工业思维的人来说，这些都是天方夜谭的事情，但在数字原住民的眼里，这是正常的事情。在本书里，旅居文化被当作一种主流文化提出来，是因为在数字化时代，作为数字社会中最大群体的数字原住民们可以不受地理位置限制地在世界上的每一个地方工作、生活，他们善于远程解决问题，善于使用一切数字设备来解决与自己的工作和生活有关的问题。至于面对面做的事情，则留在一种情感空间里去完成。

数字时代的人普遍具有很强的互动能力，也有多任务的处理能力，他们能够在地理分离的情况下完成全球工作的分工，这得益于他们长期以来在数字环境中学习、工作和生活经验的积累，如果能正确地利用这些能力，则能够让他们更有效地完成日常工作和学习任务，提高生产力和竞争力。

数字化时代解决的是人们对地理和中心化工业系统的过度依赖，地理自由是数字化时代人们的普遍需求。在数字化时代，人们会在自己喜欢的地方，在注重效率和质量的前提下迅速获取、处理和整合信息，完成各种任务。

4. 审美价值生活网络的构建

数字中国的未来，让中国人获得了普遍的发展机会，这是由国家战略决定的，在过去的10年里，乡村的信息化基础设施建设、乡村公路建设，都无一不是指向这样一个目标。

而展望未来的时候，关于县域经济的发展，是中国经济下一轮的发展极。中国的县域经济承载着主流人口，大概有10亿人生活在县域经济中，今天我们将之称为"下沉市场"。事实上，在数字技术的加持下，县域经济的服务业会迅速崛起，不仅会给县域带来经济的繁荣，还会让其成为生活更有意思的地方。

笔者将县域经济发展的方法论总结为"审美价值生活网络"，即追求生活丰富性的人和拥有共同生活观的人，能够在这里聚集，实现一起共享、一起创造的理想。

那么什么样的资源会在县域经济中重新聚集呢？笔者认为，审美经济生态和精神服务业会在这样的区域里得到进一步的发展。在《体验经济》这本书里，笔者总结体验经济的本质就是做自己喜欢的事情，在总结的时候，体验需求主要满足"娱乐、教育、逃避现实和审美"，几十年过去了，体验经济概念正在被一种新的"转型经济"概念取代，人在某一个场景中，实现体悟式的人生转型，变成一种新的经济业态。

原因当然很简单，数字智能时代的发展节奏很快，每一个人在工作生涯中，都有可能面临好几次职业转型，这种转型指的是成为专家，然后退出来，又成为另一个领域的专家，这样的转换过程，最好是主动进行，在旧职业消失之前，能够迎接新职业的诞生。因此，新一代人需要在新环境中建立自己的心理预期和能力储备。人需要走出去，在远方接触迥异的人、迥异的事物、迥异的体验，如此才能完成自己的思维转型。而转型经济，提供的其实就是生活的热情，让人有更大的心理能量来迎接挑战。

体验经济和转型经济的组合，就是县域经济发展的新引擎。而统领两者的文化就是审美经济，审美价值生活网络的构建，就是要在适当的地理区域营造一个生活网络，人们在这里探寻新的思维方式和文化形式，摆脱一些旧观念的束缚，建立一个"分布式的网络组织"形态，形成一个共建的审美圈层。这个审美圈层中的人，在遇到生活和事业困惑的时候，能够彼此帮助，这种帮助不是功利性的，而是互助性的。

资本化冲动是一个时代的本质，而审美经济下所构建的审美网络则是要将资本化思维排除出去，尽量在商业化和本土文化之间保持一个平衡。现在，一些文化城市被指责过度商业化，过度资本化，其实这就是一种典型的短期行为。

数字时代的这些新的文化经济体和审美经济体，要秉持一种"做美不做强"和"反炫耀文化"的基本原则，有意为人们创造一个解决大部分生活问题的低成本空间。现在很多地区出现了高价休闲空间，这些都是短期的企业思考，不是基于整体的价值思考。

审美网络往往会创造一套自己的语言系统，来体现网络中人们的坚守和对某一种生活方式的肯定。中国人在建设数字中国的过程当中，需要为数字化生存方面做更多的文化准备，而语言构建，就是最基础的先导项目。

和大城市里空间地理升值的追求不同，数字智能化小镇和空间，目的只是为了满足旅居者在此安顿下来。因此，人来了，住下来了，与当地产生了连接，刺激了当地的消费，带动了当地经济的发展，这就可以了。这是一种更加朴素的发展的思考。

对于一些县域经济而言，想要构建这样的新发展模式，就要引入创作者和艺术家，这些带着审美观和创作力的人，能够在这里整合当地的文化记忆，然后将文化整理输出到数字空间里，一本书，一个独具匠心的表达，就能够为这个地方增加体验性资本。

审美网络的本质是一个新的表达空间，可以形成一种话语场域，以实现对于外部资源的吸引力。田园理想和宁静，这些古典而现代的审美内核，需要在新的体验转型空间里体现出来，做到在平平淡淡的审美氛围里实现中国县域经济的大发展。

5. 人是生活者而非消费者

人是生活者，而非消费者。随着中国追赶型时代的结束，数字社会中数字中国的发展战略就是要回到人本身，根植于生活进行美好生活的构建。

现在我们还处于高强度的市场竞争中，从客观事实来看，过去20年，互联网和数字化已经改变了以往的竞争结构，总体来说，竞争不是维系在一个均衡水平上，而是进入了一个更加激烈的时代，很多观察者给出了一个定义，叫"超级竞争"。

市场超级竞争的结果加快了创新和生产的迭代，而对于人来说，既是生产者同时又是消费者，因此生产迭代速度的加快，意味着消费的频率和速度也在增多和加快。这样，每一个人都会陷入一种拼命生产、拼命消费的资本化的转圈游戏中。这是对现代经济的一种生动描述。

对于大众来说，消费主义文化就是让每一个人都成为商品的购买者，而在资本化的语境下，暗含着生产者唆使消费者扩张自己的欲望，并在购买过程中满足这种欲望,这便是一种"制造欲望和满足欲望的循环"。而人一旦进入这个游戏,人的生活本质是什么样,可能就暂时淡忘了。

这种生活状态在事实上就是一种比赛状态,人一旦失去了对自己内心的洞察,就很可能会认为生活不太重要,而应该全身心地追求成功。然而,我们需要意识到,生活是我们追求成功的基础和目的地。如果我们将全部精力都放在工作和竞争上,忽略了赋予生命以意义的事情,那么我们最终可能会感到失落、孤独和空虚。

因此,一位全球大企业高管要求:"为了保持长期的进取能力,员工需要注重生活和事业的平衡。"

我们应该关注生活,包括与家人和朋友的关系、娱乐活动、健康和身体锻炼、探索自然和文化遗产等,这些是我们成为一个完整和幸福的人的关键元素。只有平衡、充实的生活才能支持我们在激烈的竞争中保持良好状态,充分发挥潜力。作为一个为事业而奋斗的人,就需要明志,在一些领域保持淡泊,避免陷入消费主义陷阱。

以一个生活者的姿态展开工作,这样的人可能是一个更好的奋斗者。这样的人需要探索自己的生活之美,在不同的场景里得到心灵的体悟,从而反思生活方式与幸福感的关系,并采取行动改变自己的生活方式以获得更好的生活。

那么,在这里我们谈到重建自己的生活,谈及的是人们在保持必要的消费的同时远离消费主义,这似乎和主流的资本话语是对冲的。事实上,中国很多中小城市的未来发展,就是在这种话语对冲中找到了自己的话语权,从而将一部分消费者从大城市和消费主义的赛道中拉了回来,让消费者在旅居或者移居的过程中，完成一个生活者角色的塑造的。

"人是生活者而非消费者"这句看似简单的话，事实上展开了我们这个时代的大背景，这是一个资本化和对冲资本化的新平衡。从生活哲学上来讲，这是一种进退有序的机制，也符合社会架构设计之道。而作为数字战略的顶层架构者，也乐观其成，两者平衡就好，进退都是为了建设更加美好的社会。

作为生活者，寻求的生活姿态并非不进取，而是一种平衡，或者叫充电之后再出发。事实上，一个社会是不能够失去雄心的，任何一个波澜壮阔的时代，都是英雄辈出的时代，我们不能够打击企业家精神，相反要继续鼓励企业家在大庭广众之下表达自己的雄心壮志。让进取者进取，让生活者生活，是一种更高明的社会系统设计。

在这里，我们讨论的主要还是中小城市未来的发展哲学问题，用辩证的思维来看，暂时落后并不是真的落后，如果这个地方拥有一种更好的文化，那么承受社会巨大压力的人，就可以在这里寻找到个人价值观的归属，化解内心的战争。在这个过程中，中小城市起到的其实是一个充电桩的作用。

从人性的角度来思考，在数字社会中，人成为一个有价值的创造者的时间事实上在缩短。在过去，一个知识点的创造，可能需要几年的积累；而在数字社会，数据软件可能只需要一天时间就能够迭代进入所有的生产系统。一旦知识标准化之后，人的任务就完成了。因此，数字时代的贡献者，其价值呈现能力是间歇性的，这也是人们需要注重生活和事业平衡的原因。

数字时代的人，生活在波峰和波谷之间，不再是一条直线，因此，在不同的时期，作为一个旅居者，可能就是一种刚需了。在心灵栖息地，与他人建立联系，在与不同专业的人打交道的过程中，与他人建立起深层联系，可能就是下一轮经济发展爆发力的来源。

6. 至善、至美、至远的中国数字文明

中国是一个拥有悠久历史文化的国家，近代以来，在图强复兴的路途中经历了几轮深刻的变革。当下，在数字社会到来之际，作为大历史的主动构建者，中国人又一次体现出了整体的进击精神。

中华文明的发展进程强调和谐与包容性，这体现在历史里，也体现在当下。当中国决心再一次启动深刻变革，转型为数字文明的时候，不管技术如何发展，我们还是从最根本的方面入手：在数字时代，一切治理的本质就是处理好人与人、人与自然的关系。而如果将这两者的关系做一个更加具体的描述，就是建设一个"至善、至美、至远的中国数字文明"。

中国作为世界上最大的互联网市场之一，更是在这个领域里成了领导者。从移动支付到共享经济再到大数据和人工智能等方面，中国都有着前瞻性的创新和应用示范，中国的很多科技企业已经成为全球范围内的"独角兽"公司了。

数据治理已经体现在中国所有的社会进步的进程中，中国正在将散落

的数字技术集成为一个完整的社会数字化治理系统，所有多元的信息能够形成一个完整的资源池，实现"世界一朵云"的战略目标，这意味着，整个社会的数字智能化水平将得到一个空前的提高，每一个中国人都能够得到系统的赋能，增加生活和事业的便利性，从而让自己有更好的选择能力。

数字社会向善发展，不仅能够促进中国社会发展，还能够赋能世界，中国正在通过数字技术、信息流和物流的优化，推动以"一带一路"倡议为代表的全球化进程，为全球经济增长注入新的活力和动力。

在前文中，我们已经阐述了数字基础设施的构建让中国实现了由点到面的发展，让更多的中国人和全世界的旅居者能够在中国寻找自己的生活和事业，构建本地城市的文化和发展方式，将"安人"作为整个数字社会建设的重心。

数字社会在中国的发展可以兵分几路，在生产制造和创新领域，数字智能化可以大大提升社会整体运行效率，在市场经济体系中，中国的工业制造业必须保持着一流的技术和一流的效率，这是现代经济的本质决定的。自动化将大大提速，为中国人的生活提供更高质量的生活用品。这就是数字科技"至善"的发展路径。

对于中国来说，下一步最重要的问题是如何利用制度优势在各个方面引领数字时代的文明。在制度保障层面上，政府和社会治理系统要在做大蛋糕的基础上协调好各方利益，作好包括教育、医疗、住房、养老等在内的社会保障工作，帮助社会弱势群体，保障和促进社会公平正义。

但在创意经济和文化经济领域，中国数字文明的发展，不是以效率为核心，而是以一种振兴文化和提升人们的生活审美为要义。在数字文明的新世界里，中国人需要拿到话语权，捍卫自己的生活方式。虽然追求效率和盈利是企业不可避免的目标，但中国数字文明的发展却更注重振兴文化和提升人们的生活审美。在未来，中国人对于文化和审美的需求是无法替代的，它从根本上关注人们的情感需求，而不仅仅是简单的商业利益。

中国数字文明的发展，不仅给人们带来了更加便捷和高效的生活体验，同时也为人们提供了更加多样化的文化内容和艺术表现形式。这种数字技术与文化艺术的融合，使得各个行业都拥有了更强的文化气息和内涵，同时也创造出了更丰富多彩的文化产品，如音乐、电影、游戏等。

而这，就是中国数字"至美"的发展路径。创意经济和文化经济在经济成果领域，确实不能和系统性的科技创新相媲美，但对于人们构建幸福生活，却是不可或缺的发展元素。

中国数字文明的建设，还是以人为本，为生活在这片土地上的人服务。随着追赶型现代化进程进入最后阶段，在未来的社会系统设计中，中国人将会更加顾及人与历史、人与环境的关系，中国的治理层也会将更多的精力放在凝聚人们的共同价值观、传承文化和突出特色上。

在全国，无数的特色小镇和文化小镇的建设，就是在和数字中国的大战略相向而行，这些原来处于发展边缘的地域，现在和未来或将成为发展的前沿。在数字文创产业的发展中，中国对自己的经典文化进行了深入挖掘和创新，不断推陈出新，给世界带来小惊喜。这种独具特色的做法也成了推动中国文化走向世界的重要一步。

中国人向世界开放的方式，不仅是商品走向全球、服务走向全球，更多的未来构想，蕴藏在无数的中国小镇里。不光我们要走出去，也要让外人走进来。这便是中国数字"至远"的发展路径。

珍爱自己的历史，传承自己的历史，珍爱自然遗产和文化遗产，将这一切变成展示中国人生活的文化产品。中国数字文明的发展代表着一种历史智慧、文化智慧和情感智慧，它更注重人类内心的需求和精神追求，并以此为基础构建出一个多元开放的数字生态系统。在未来，我们相信中国数字文明将发展壮大，为人们带来更加丰富且有内涵的数字化生活体验。

数字文明既是社会发展的重要方向，又关乎到人们的福祉与未来。结合中国自然环境的保护和建设，我们可以看到数字文明正在对中国的美好生活产生着积极影响，为实现"至善、至美、至远"的新时代目标奠定了坚实的基础。

后　记

在书稿接近尾声的时候，以京东方为代表的显示屏生产商又拿出了一款高保真的裸眼3D显示器，对于远程数字化教育和工作可以产生巨大影响。但仅仅靠技术解决不了数字社会所面对的所有问题，解决问题，往往不在问题本身，而在问题上一层级的侧位。顶层设计才能够决定未来。

本书没有从技术角度去解释问题，可能讲述技术系统构建的书已经很多了。笔者觉得，文化是第一性思考，物理是第二性思考。用文化视角去看待历史、现实和未来，是很准确的一个视角。科技是第一生产力，文化是第二生产力。从逻辑上来讲，数字文化是数字社会的第二生产力。

数字中国的顶层架构是文化，数字中国是中国的数字孪生世界，数字孪生世界中的美学重构（和现实世界不同，文化和美是人构建的），可以改变一代人的审美。

数字中国，一个是硬件，一个是软件，数字化软环境、软科学实现起来比硬科学更加困难。数字中国也会遇到更多的问题，如较大的就业压力如何去应对？如何遏制垄断性数字平台对社会财富的攫取？社会节奏越来越快，高欲望社会和低欲望社会的并存与矛盾如何化解？巨大的环境问题

数字中国：赋能数字时代中国新质生产力

如何通过数字化进程进行解决？通过对未来 20 年的创造性设想，从数字政府、数字城市生态、数字乡村生态、数字企业和数字人文等方面提出建设性构想，或许是解决数字社会发展中面临的上述问题的较好方法。